Die Originalausgabe erschien unter dem Titel
„Mon premier copain des champs" bei MILAN.

© 1997 Éditions MILAN – 300, rue Léon-Joulin,
31101 Toulouse Cedex 100 France

In neuer Rechtschreibung

Aus dem Französischen von
Anja Lazarowicz

Einband: Illustration von Rolf Bunse
sowie Illustrationen aus dem Innenteil

1. Auflage 2002
© für die deutsche Ausgabe
by Edition Bücherbär im Arena Verlag GmbH,
Würzburg 2002
Alle Rechte vorbehalten

ISBN 3-401-08256-6

Catherine Forné

Mein Buch vom Bauernhof

Illustrationen von

Ginette Hoffmann
Claire Felloni
Catherine Fichaux
Jean Grosson
Danièle Schulthess
Nathaële Vogel

INHALT

1 – AUF DEM BAUERNHOF 8

Das Leben auf dem Bauernhof 10
Der Teich 20
Maschinen auf dem Hof 22

2 – DIE TIERE AUF DEM HOF 26

Im Hühnerhof 28
Kühe unter sich 42
Die Kuh und ihre Milch 44
Schafe – eine wollige Familie 46
Die Ziege, der Ziegenbock und das Geißlein 50

Von der Milch zum Käse 52
Die ungeliebten Schweine 58
Pferd, Stute und Fohlen 60
Esel, Eselin und Eselsfüllen 62
Stimmen auf dem Hof 64
Tierspuren und Kot 66
Ungebetene Gäste 68

3 – NOCH MEHR TIERE 70

Die Bienenzucht 72
Honig und Wachs 74
Der nützliche Marienkäfer 76
Wie der Regenwurm Humus macht 78
Essbare Schnecken 80
Die Fischzucht 82
Zuchtwild 86
Exotische Tiere 88

4 – IM WECHSEL DER JAHRESZEITEN 90

Die Felder im Frühling 92
Die Felder im Sommer 98
Die Felder im Herbst 106
Die Felder im Winter 112

5 – DIE ARBEIT IM GEMÜSEGARTEN 118

Geräte des Gemüsegärtners 120
Unerwünschte Untermieter 130
Gemüse – über der Erde 132
Gemüse „am Stiel" 134
Gemüse – unter der Erde 136
Das Gemüse auf deinem Teller 138
Früchte – nicht von Bäumen 140

7 – DIE BLUMEN 164

Die Farben der Blumenwiese 166
Blumenleben 168
Ein bunter Strauß 170
Blumenküche 172
Duftende Kräuterpflanzen 174
Besuch auf einem
Schulbauernhof 178

6 – DIE FRÜCHTE VON DEN BÄUMEN 144

Die Arbeit im Obstgarten 146
Von der Blüte zur Frucht 148
Allerlei Obst 156
Basteln mit Früchten 162

1 – AUF DEM BAUERNHOF

Der Geruch nach Getreide, die Stimmen der Schafe, Kühe und Schweine, Geschmack von warmer Milch: Das ist das Leben auf dem Land.

Die Kaninchen werden in Kaninchenställen gehalten.

Der Bauer und seine Familie leben in einem Haus, das neben den anderen Gebäuden des Bauernhofs steht.

Tagsüber laufen die Hühner frei herum und gehen im Hühnerstall ein und aus.

Etwas abseits gibt es einen großen Haufen aus verschmutztem Stroh, Kompost, Abfall, Tiermist ... Das ist der Misthaufen. Er liefert später Nährstoffe für den Boden, damit die Pflanzen besser wachsen.

Das Leben auf dem Bauernhof

Ein Bauernhof besteht immer aus mehreren Gebäuden und Höfen. Außerdem gehören dazu auch die Felder, die der Bauer bestellt, und die Wiesen, auf denen er seine Tiere weiden lässt.

Der Traktor und die anderen Maschinen sind im Geräteschuppen untergebracht.

Zum Teich kommen die Tiere, die das Wasser lieben: Enten und Gänse, Mücken und Frösche – und im Winter Schlittschuhläufer.

Frühling – neues Leben erwacht

Im Frühling erwacht die Natur zu neuem Leben. Auf dem Bauernhof gibt es jetzt sehr viel Arbeit. Die meisten Tierkinder kommen nämlich im Frühjahr auf die Welt. Um diese Zeit ist es oft regnerisch, aber ohne das Regenwasser könnten die Pflanzen nicht wachsen!

Aufwachen

Sobald die Sonne aufgeht, fängt der Hahn zu krähen an und alle Tiere wachen auf. Dann sind die Bauern aber bereits beim Frühstück.

Melken

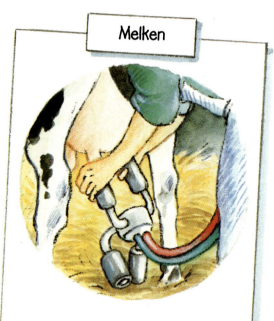

Die erste Arbeit, die eine Bäuerin am Morgen erledigt, ist das Melken der Kühe mit der Melkmaschine. Danach führt sie die Kühe auf die Wiese.

Füttern

Dann verstreut die Bäuerin Körner für das Federvieh: Die Hennen kommen mit ihren Küken angerannt. Und auch den Enten schmeckt es.

Eier holen

Bevor die Kinder in die Schule gehen, holen sie die Eier, die am Morgen gelegt wurden. Die Eier sind gar nicht immer leicht zu finden.

Auf den Feldern

Der Bauer arbeitet den ganzen Tag auf den Feldern. Er fährt von einem Feld zum anderen und bringt dort den Mist aus. Das stinkt ziemlich.

Vorsicht vor dem Fuchs

Abends schließen die Bauern alle Tore. Damit verhindern sie, dass in der Nacht Füchse oder Marder kommen und sich ein Huhn stehlen.

Im Lauf der Jahreszeiten

Im März wird es wieder warm. Die Tierkinder, die jetzt geboren werden, brauchen sehr viel Pflege. Im Juni beginnt der Sommer. Es wird heiß und trocken und das Getreide muss geerntet werden. Der September kündigt den Herbst an. Die Felder werden gepflügt. Dann kommt der kalte Winter. Es ist Zeit für Reparaturen. Nun werden auch die Obstbäume geschnitten.

Ein Tag im Sommer

Die Sonne scheint und geht erst spät unter. Die Kühe leiden unter der Hitze und suchen den Schatten. Jetzt ist Erntezeit. Auf den Feldern wird das Getreide eingefahren. Die Kinder haben Ferien und übernehmen mehr kleine Aufgaben als sonst.

Die Ernte

Von sechs Uhr morgens an ist der Bauer unterwegs, um das Getreide zu ernten. Oft arbeitet er auch noch in der Nacht weiter, zum Beispiel, wenn Regen angekündigt ist. Dann muss er sich beeilen.

Ein Gewitter

Aber dann bricht auf einmal ein Gewitter los und alle sehen zu, dass sie nach Hause kommen. Der Bauer muss warten, bis das Getreide wieder getrocknet ist.

Auf die Weide

Die Kühe haben alles Gras auf ihrer Weide abgefressen. Jetzt bringen sie die Kinder auf eine andere Wiese, die noch schön grün ist.

Vom Wetter abhängig

Die Arbeit auf den Feldern ist sehr vom Wetter abhängig. Wenn es hagelt, kann eine Ernte schnell vernichtet werden. Dann war die Arbeit eines ganzen Jahres umsonst. Wenn etwas zu früh oder etwas zu spät geerntet wird, gibt es keine wirklich gute Ernte. Der Bauer braucht einen Blick für den richtigen Tag.

Tränken

Den Kindern macht es Spaß, die Kühe zu tränken. Sie sehen regelmäßig nach, ob die Tiere noch genug Wasser haben. Wenn nötig, füllen sie es mit dem Gartenschlauch nach.

Melken

Die Bäuerin treibt die Kühe zum abendlichen Melken in den Stall. Bei schönem Wetter bringt sie die Kühe für die Nacht wieder auf die Weide.

Arbeiten, die im Herbst anfallen

Der Herbst ist gekommen. Die Tage werden immer kürzer und es regnet oft. Die Kinder gehen wieder zur Schule. Jetzt riecht es nicht mehr nach frischem Stroh, sondern nach frisch gepflügter Erde.

Das Frühstück

Die Sonne geht nicht mehr so früh auf. Die Bäuerin frühstückt mit den Kindern, bevor sie der Schulbus abholt.

Das Pflügen

Das Getreide ist geerntet und der Bauer ackert das Feld um. Die Pflugschare fahren wie große Schaufeln durch die Erde und heben die Erdschollen hoch, die die Pflugstreichbretter dann umdrehen.

Die Äpfel

Im Obstgarten pflückt die Bäuerin die Äpfel von den Bäumen und legt sie sorgfältig in Lattenkisten. Etwas später sind dann auch die Birnen reif.

Marmelade

Von einem Teil der Äpfel kocht die Bäuerin Marmelade.
Außerdem backt sie für den Abend einen Apfelkuchen.

Das Federvieh

Nach der Schule füttern die Kinder die Hühner und Enten. Die Küken sind gewachsen; jetzt sind es Hühner und Hähne.

Ackerfurchen

Geh einmal ganz nah an den Rand eines Ackers, wenn er gerade gepflügt wurde. Das, was vorher oben war – Gras und Reste von trockenem Stroh –, ist jetzt untergegraben. Und der Pflug hat die feuchte Erde von unten in großen Schollen nach oben geholt. Viele kleine Tiere, die unter der Erde leben, finden sich plötzlich an der frischen Luft wieder. Da sind Regenwürmer, Insektenlarven und noch manche andere. Eine willkommene Mahlzeit für die Vögel.

Der Bauernhof im Winter

Mit dem Winter beginnt die kalte Jahreszeit. Auf den Wiesen und Feldern kommt alles Leben zur Ruhe. Doch auf dem Bauernhof geht die Arbeit auch jetzt nicht aus. Die Bauern nützen diese Zeit, um ihre Maschinen zu warten und altersschwache Gebäude zu reparieren. Gegen Ende des Winters bringen die Kühe ihre Kälber zur Welt.

Holz für den Winter

Um sieben Uhr ist es noch dunkel. Jetzt darf der Bauer morgens etwas länger schlafen. Dann geht er in den Wald und holt Holz für den Ofen.

Kaum noch Gras

Auch im Winter bleibt das Vieh tagsüber oft auf der Weide, doch es findet nur noch wenig Gras. Daher bekommen die Tiere zusätzlich Futter: Heu, Körner und Ähnliches.

Unterwegs zur Schule

Die Kinder warten auf den Schulbus. Es ist noch nicht hell. Der Boden unter ihren Füßen knirscht vor Kälte und die Luft ist eisig.

Schlachttag

Das Schwein ist nun dick genug. Die Bauern machen daraus Wurst, Pastete oder Schinken. So ein Schlachttag bedeutet viel Arbeit und muss gut vorbereitet werden.

Die Geburt der Kälber

Der Bauer kümmert sich jetzt besonders um die Kühe. Sie werden bald ihre Kälbchen bekommen. Der Tierarzt überwacht die Geburt; manchmal muss er dabei auch helfen.

Eine Sammlung von Holzscheiben

Wenn der Bauer einen Baum fällt, kannst du ihn darum bitten, dass er dir eine Scheibe vom Baumstamm abschneidet. Versuche Scheiben von verschiedenen Baumsorten zu bekommen. Poliere sie mit Schmirgelpapier und schreibe zu jeder Scheibe, von welchem Baum sie stammt. Schau sie dir genau an und vergleiche Farbe, Rinde, Ringe und Geruch.

Eiche

Buche

Pappel

Zeder

Der Teich

In einer Ecke hinten auf dem Hof wartet der Teich auf seine Gäste: die Enten und die Gänse, aber auch Frösche, Wasserläufer und Mücken …

Im Frühling

Im Frühling ist der Teich bis zum Rand voll Wasser. Die Enten führen ihre Jungen aus. Das Schilfrohr steht in voller Knospe. Hunderte winziger Froscheier treiben auf dem Wasser. Ganz unten im Teich schwimmen ein paar kleine Fische herum.

Im Sommer

Es ist heiß. Die Schweine nehmen ein Bad im Teich. Die Rohrkolben sind gewachsen. Mücken tanzen über dem Wasser. Aus den Froscheiern sind erst Kaulquappen und später kleine Frösche geworden.

Im Herbst

Die Enten tauchen nach Algen. Das Schilfrohr ist verblüht. Die Frösche sind groß geworden und springen von Stein zu Stein und von einem Seerosenblatt zum nächsten. Das Laub, das von den Bäumen fällt, schwimmt erst auf dem Wasser, dann versinkt es und vermodert.

Im Winter

Der Teich ist zugefroren. Am ersten Tag schlittern die erstaunten Enten über das Eis. Die Frösche haben sich auf dem Grund des Teiches in den Schlamm gegraben und überwintern dort. Die Fische schwimmen weiter, aber ganz langsam. Sie leben jetzt in Zeitlupentempo.

Wie macht man einen Schilfkranz?

Pflücke 3 Schilfhalme und entferne die Blüten. Knote nun die 3 Stängel an einem Ende zusammen. Jetzt musst du daraus einen Zopf flechten und den Kranz mit einem anderen Schilfhalm zubinden. Schmücke deine Krone mit kleinen Blüten!

Maschinen auf dem Hof

Fast alles, was auf dem Bauernhof getan werden muss, ist schwere Arbeit. Zum Glück hat der Bauer Maschinen und Werkzeuge, die ihm helfen. Für jeden Zweck gibt es ein eigenes Gerät.

Der Traktor
Der Traktor ist besonders wichtig. Der Bauer zieht mit ihm die verschiedenen Maschinen, von denen jede für eine ganz spezielle Arbeit gebraucht wird.

Der Pflug
Der Pflug wendet die Erde, belüftet sie und vergräbt die Reste der Pflanzen vom Vorjahr im Boden.

Der Binder
Er sammelt das Heu, das auf der Wiese getrocknet ist. Dann presst er es zu großen Ballen, die er auch verschnürt.

Welche Kraft!

Der Traktor ist dazu da, die Maschinen zu ziehen, die die Arbeit machen. Auf großen Bauernhöfen gibt es oft sogar mehrere Traktoren. Aber es kommt auch vor, dass sich zwei oder mehrere kleine Bauernhöfe gemeinsam einen Traktor kaufen, den sie abwechselnd benützen.

Die Mähmaschine

Die Scheiben der Mähmaschine drehen sich sehr schnell und schneiden dabei das Gras, das dann in langen Streifen auf den Boden fällt.

Der Mähdrescher

Der Bauer sitzt hoch oben in der Fahrerkabine und lenkt den Mähdrescher, der die Getreidehalme schneidet und die Körner erntet.

Die Sämaschine

Das ist ein großer Behälter voller Saatgut. Durch viele kleine Öffnungen fallen die Körner auf den Boden und werden dort sofort von den kleinen Haken an der Maschine mit Erde bedeckt.

Der Mist wird ausgebracht.

Das Getreide wird geerntet.

Die Jahreszeiten

Früher gab es auf dem Bauernhof Pferde. Sie mussten die schwere Arbeit tun. Inzwischen wurde das Pferd fast überall durch den

Im Frühling
Der Bauer befestigt den Anhänger am Traktor, belädt ihn mit Mist und bringt ihn auf seine Äcker und Wiesen. Dort verteilt er dann den Mist. Das ist ein ausgezeichneter Dünger für den Boden.

Im Sommer
Von morgens bis abends zieht der Traktor einen Anhänger voller Getreidekörner nach dem anderen. Droht schlechtes Wetter, wird sogar nachts bei Scheinwerferlicht gearbeitet.

für den Traktor

Traktor ersetzt,
den der Bauer
sehr oft braucht, um
damit die schweren Maschinen
zu ziehen – und zwar in
jeder der vier Jahreszeiten.

Das Holz wird aus dem Wald geholt.

Im Herbst
Wenn der Traktor den Pflug zieht, gräbt er sich tief in die feuchte und klebrige Erde ein. Mit seinen riesigen Rädern kommt er überall gut durch. Vogelschwärme verfolgen ihn kreischend, um sich auf die Würmer zu stürzen.

Im Winter
Im Winter wird der Traktor gereinigt und repariert. Außerdem braucht ihn der Bauer, um den Anhänger zu ziehen, mit dem er das Holz aus dem Wald in die Scheune bringt.

Der Acker wird gepflügt.

2 – DIE TIERE AUF DEM HOF

Im Hühnerstall gackern
zwei Hühner,
und in meinem Korb
liegen zwei große weiße Eier.

Im Hühnerhof

Hühner, Enten, Gänse, Truthähne, Perlhühner und Kaninchen wohnen im Hühnerhof. Sie dürfen dort frei herumlaufen. Nur die Kaninchen bleiben im Stall, weil sie sonst weglaufen würden.

Der Hund bewacht den Bauernhof. Auch wenn er ein Jagdhund ist, wird ihm beigebracht, dass er das Federvieh nicht jagen darf.

In ihrem Stall knabbern die Kaninchen an Gemüseabfällen und Körnern.

Auf dem Hühnerhof finden die Enten Körner, Gras und Würmer als Futter. Im Teich suchen sie nach Kaulquappen und Wasserpflanzen.

In einer ruhigen Ecke hat sich ein Huhn ein Nest im Stroh gebaut. Es hat ein Ei gelegt und beginnt zu brüten.

Sobald die Hühner Futter sehen, stürzen sie sich darauf. Die Kinder geben ihnen eine Mischung aus Getreide, Fischmehl und Vitaminen. Die Küken ahmen ihre Mutter nach und lernen so das Picken.

Der Hahn reckt seinen Kopf in die Luft, plustert die Halsfedern und zeigt den schön gefiederten Schwanz.

Nachts im Hühnerhof

Auf dem Bauernhof und im Hühnerhof wird es Nacht. Alles scheint ruhig zu sein. Die Bauersleute und die meisten Tiere schlafen. Aber schau einmal genau hin, dann siehst du, dass manche Tiere wach sind.

Der Hund schläft, aber nicht tief. Er bellt sofort, wenn sich etwas rührt.

Die Kaninchen machen nachts weiche Köttel, die sie anschließend auffressen. Morgens machen sie dann harte Köttel, die aber nicht gefressen werden.

Die Eule wird sich gleich mit lautlosem Flügelschlag auf die Maus stürzen.

Auf leisen Pfoten nähert sich der Fuchs dem Hühnerstall. Aber alles ist fest verschlossen.

Die Enten sind in ihrem Stall in Sicherheit, die Gänse schlafen in einem anderen Schuppen. Perlhühner und Truthähne sitzen beim Schlafen auf Ästen.

Sobald es dunkel wird, nehmen die Hühner auf der Hühnerstange im Hühnerstall Platz und kuscheln sich nebeneinander.

Die Katze schläft auf einem Strohhaufen. Aber schläft sie wirklich? Eines ihrer Augen glitzert im Mondlicht.

Eine Maus nagt an einem Maiskorn. Ohne dass sie es merkt, wird sie dabei aufmerksam beobachtet ...

Das Huhn ...

Hühner werden wegen ihres Fleisches und ihrer Eier gehalten. Oft gibt es in einem Hühnerstall nur Hennen und keine Hähne. Meist werden sie in sehr großen Hallen gehalten. Aber auf dem Bauernhof leben sie zusammen mit den anderen Bewohnern des Hühnerhofs im Freien.

Oben auf dem Kopf hat das Huhn einen roten Kamm.

Unter seinem Schnabel hängen Kehllappen.

Das Huhn hat keine Zähne. Daher verschlingt es die Nahrung, ohne sie zu kauen.

Weil das Huhn Wasser verabscheut, reinigt es seine Federn, indem es ein Staubbad nimmt.

Seine Haut ist mit wärmendem Flaum und farbigen Federn bedeckt.

Da seine Flügel im Vergleich zu dem schweren Körper relativ klein sind, kann das Huhn nicht sehr weit fliegen.

Es sucht nach Nahrung, indem es mit seinen Krallen in der Erde scharrt.

An den Füßen hat das Huhn Hornschuppen.

Und an jeder Zehe hat es eine Kralle.

Wenn Hühner rennen, breiten sie die Flügel aus.

Hühner putzen ihre Federn mit dem Schnabel.

Im weichen Stroh brüten sie ihre Eier aus.

… und der Hahn

Der Hahnenkamm ist größer als der Kamm der Henne.

Genau wie das Huhn hat der Gockel kleine, runde Augen. Daher kommt der erstaunte Blick, den die Hühner haben.

Der Hahn hat einen kurzen, spitzen Schnabel, der eine gefährliche Waffe ist.

An jedem Fuß hat er vier Zehen mit Krallen.

Das Männchen vom Huhn heißt Hahn oder Gockel. Er herrscht über alle Hühner auf dem Hühnerhof. Wenn sich ein anderer Hahn seinen Hühnern nähert, sollte der sich in Acht nehmen!

Der Gockel ist größer als das Huhn und auch schöner gefärbt. Den Farbenschmuck braucht er, um die Aufmerksamkeit der Hühner auf sich zu lenken.

Hinten am Fuß hat der Hahn noch eine fünfte Zehe, den Sporn.

Hühner nehmen gern ein Staubbad, um sich von lästigem Ungeziefer zu befreien.

Mit ordentlich aufgestelltem Kamm kräht der Hahn sein „Kikeriki".

Das Ei und das Küken

Ein Huhn legt im Frühling, im Sommer und im Herbst jeden Tag ein Ei. Wenn es ein Gelege von etwa 15 Eiern hat, setzt es sich mit aufgeplusterten Federn darauf, um die Eier auszubrüten.
Wenn es sich vorher mit dem Hahn gepaart hat, schlüpfen aus den Eiern später Küken.

Die Schale, die das Eigelb und das Eiweiß umgibt, entsteht im Bauch des Huhns. Sie ist glatt, hart und zerbrechlich.

Was ist ein Hühnchen?

Hühnchen nennt man die Jungen der Hühner im Alter zwischen 3 und 10 Monaten. Einen jungen Hahn nennt man Hähnchen.

Wie ein Küken entsteht

❶ Es dauert 24 Stunden, bis sich ein Ei gebildet hat. Dann legt es das Huhn. Das spitze Ende des Eis kommt zuerst heraus.

Während dieser ganzen Zeit sitzt das Huhn auf dem Ei und brütet, damit es schön warm bleibt. Ohne diese Wärme kann das Küken nicht wachsen.

❷ Im Eigelb erscheint ein kleiner Fleck: Das ist der Keim, aus dem das Küken entsteht. Es ernährt sich vom Eigelb und erhält durch das Eiweiß die nötige Flüssigkeit.

❸ Nach 15 Tagen ist ein Küken gewachsen. Es hat bereits Flaum und muss sich in der Eierschale ganz klein machen.

❺ Jetzt ist das Küken geboren, seine Federn sind noch ganz feucht. Aber sein Flaum trocknet schnell. Es kann sofort herumtrippeln und piepsen und lernt sehr schnell allein zu fressen.

❹ Nach 21 Tagen zerbricht es die Schale, um zu schlüpfen. An der Schnabelspitze hat es ein hartes Horn, den Ei-Zahn, mit dem es die Schale aufbricht.

Der Erpel …

Enten werden auf dem Bauernhof wegen ihres Fleisches und ihrer Federn gehalten. Im Sommer mausern sie sich: Es wachsen ihnen nach und nach neue Federn und sie verlieren ihre alten.

Der Entenschnabel ist flach. Er hat eine Reihe falscher Zähne, mit denen die Ente Gras fressen kann, und einen Kamm, mit dem sie kleine Tiere aus dem Wasser filtert.

Über ihrem Schwanz sitzt eine Drüse, die Fett produziert. Die Ente fährt mit dem Schnabel über die Drüse und fettet dann ihre Federn, um sie wasserundurchlässig zu machen.

Die Bauernente ist dicker als die Wildente und kann deshalb nur schlecht fliegen, obwohl sie große Flügel hat.

Enten haben Füße mit Schwimmhäuten, mit denen sie sehr gut schwimmen können. An Land watscheln sie etwas ungeschickt herum.

Die Ente hat ein Ei gelegt.

Das Ei bekommt einen Sprung und eine Schnabelspitze wird sichtbar.

Die junge Ente, die noch ganz nass ist, schlüpft aus dem Ei.

... und die Ente

Oben auf dem Schnabel haben Erpel und Ente zwei kleine Löcher zum Atmen. Das sind ihre „Nasenlöcher".

Die Ente ist die Frau vom Erpel. Sie legt Eier und brütet sie in 28 Tagen aus. Wenn das Entenküken aus dem Ei schlüpft, hält es das erste Lebewesen, das es erblickt, für seine Mutter. Wenn es als Erstes dich gesehen hätte, würde es immer hinter dir herwatscheln wollen.

Kopf und Schnabel der Ente sehen nicht genauso aus wie die vom Erpel.

Außerdem ist die Ente kleiner und nicht so schön gefärbt wie der Erpel.

Ihre Zehen sind durch eine kräftige Haut miteinander verbunden.

Nach wenigen Minuten sind ihre Flaumfedern getrocknet.

Sie läuft hinter der Ente und den anderen Entenküken her zum Teich.

Das übrige Federvieh

So wie das Huhn und die Ente nennt man auch Gänse, Truthähne und Perlhühner Geflügel oder Federvieh. Man hält sie wegen ihres Fleisches, ihrer Eier und ihrer Federn. Aus Gänsedaunen macht man zum Beispiel Kopfkissen und Federbetten.

Der Truthahn (Puter)

Der Truthahn schlägt ein Rad, um der Truthenne zu imponieren. Er hat so etwas wie einen kleinen roten Rüssel, die Karunkel, die sich aufbläht, wenn er kollert. Die Pute ist kleiner als der Puter und hat keine Karunkel.

Das Perlhuhn

Das Perlhuhn hat ein eindrucksvolles weiß getupftes Gefieder. Bei den Perlhühnern sehen Hahn und Henne gleich aus. Es ist immer bereit, mit den Hühnern um die Körner zu streiten. Zum Schlafen setzt es sich gern auf einen Ast.

Die Gans

Die Gans und ihr Mann, der Gänserich, sehen sich sehr ähnlich. Weil sie sehr schwer sind, können die Bauerngänse nicht fliegen. Ihre Schwimmfüße sind orange. Gänse fressen sehr gern frisches grünes Gras und sind deshalb richtige Rasenmäher. Wenn sich der Gänserich bedroht fühlt, streckt er schnatternd und zischend den Hals vor. Vorsicht – er beißt!

Wasserdichte Federn

Sammle ein paar Federn von Gänsen, Hühnern und Enten. Lass vorsichtig etwas Wasser über die einzelnen Federn laufen. Jetzt kannst du sehen, dass Enten- und Gänsefedern das Wasser abstoßen. Die Federn vom Huhn dagegen werden nass und trocknen erst nach einer Weile.

Die Kaninchen

Das Kaninchen hat ein seidiges Fell. Du kannst es ganz leicht streicheln. Aber sei vorsichtig! Wenn du den Finger durch das Gitter am Hasenstall steckst, könnte es dich beißen. Kaninchen werden wegen ihres Fleisches gezüchtet. Aus den langen und sehr weichen Haaren des Angora-Kaninchens macht man Pullover.

Wenn du ein Geräusch machst, auch nur ganz leise, bewegt das Kaninchen seine großen Ohren und dreht sie in deine Richtung.

Kaninchenzähne hören nie auf zu wachsen. Deshalb knabbert es an Holz, um sie kurz zu halten.

Seine langen Hinterläufe sind wie eine Feder gespannt: Das Kaninchen bewegt sich in großen Sprüngen.

Ein Häschen wird geboren

Wenn es 5 Tage alt ist, bekommt es ein feines Fell, das aussieht wie Flaum.

Im Alter von 10 Tagen ist es bereits zweimal so groß wie bei seiner Geburt.

Mit 15 Tagen kann das Hasenjunge sehen und hat ein weiches Fell.

Die Kaninchenfamilie wächst sehr schnell. Das Kaninchenweibchen kann in einem Jahr bis zu viermal 6 bis 10 Junge bekommen. Bei ihrer Geburt sind die Kaninchenjungen ganz nackt, ihre Augen sind noch geschlossen und sie hören nichts.

Das Kaninchenweibchen zupft sich ganz weiche Haare aus ihrem Bauchfell und macht daraus ein bequemes Nest für ihre Jungen.

Die kleinen Kaninchen werden 40 Tage von ihrer Mutter gesäugt. Dann können sie wie ihre Eltern Körner und Grünzeug fressen.

Das Kaninchenweibchen hat 10 Zitzen – je 5 in 2 Reihen.

Um seine Jungen zu säugen, setzt sich das Kaninchen erst und legt sich dann hin.

Der Kaninchen-Sprung

Zeichne nach dem Muster ein Kaninchen auf Papier. Schneide es aus, mal es an und falte es wie angegeben. Jetzt kannst du es springen lassen: Leg die Spitze deines Zeigefingers hinten auf das Papiertier, drück kurz und fest drauf und lass dann sofort los. Mach dir noch ein zweites Kaninchen und lass sie um die Wette springen …

Kühe unter sich

Die Rinder gehören zur Familie der Horntiere. Das weibliche Tier ist die Kuh. Das männliche Rind heißt Stier. Der Ochse ist ein männliches Rind, das kastriert ist und deshalb keine Jungen mehr zeugen kann. Die Kühe leben in Herden.

Die Kuh vertreibt mit ihrem Schwanz die lästigen Fliegen. Sie leckt sich, um sich zu putzen, und reibt sich an Bäumen, um sich zu kratzen.

Die Kuh hat ein Euter mit 4 Zitzen, aus denen die Milch kommt.

An jeder Klaue hat die Kuh einen Huf aus Horn, der wie 2 „Finger" geformt ist. Die Hufe sind aus demselben Material wie deine Fingernägel.

Der Stier ist größer und stärker als die Kuh. Außerdem hat er auch dickere Hörner. Während die Ochsen wegen ihres Fleisches gemästet werden, werden Stiere nur für die Zucht gehalten.

Milch oder Fleisch

Es gibt viele verschiedene Rinderrassen, die sich je nach Region unterscheiden. Einige Rassen geben besonders viel Milch: Das sind zum Beispiel die Schwarzbunten und die Holstein-Friesen. Die Mastrassen werden wegen ihres Fleisches gezüchtet; dazu gehören das Charolais-Rind und die Allgäuer Kuh. Die meisten Tiere werden wegen ihres Fleisches gehalten.

Schwarzbunte

Holstein-Friese

Allgäuer Kuh

Charolais-Rind

Kühe fressen sehr viel grünes Gras. Dann legen sie sich hin, um wiederzukäuen: Das Futter, das die Kuh bereits hinuntergeschluckt hat, kommt noch einmal in ihr Maul zurück. Dort kaut sie es noch einmal langsam und gründlich, um es besser verdauen zu können.

Die Kuh und ihre Milch

Nur die Kühe, die schon einmal gekalbt haben, können Milch geben. Ist das Kalb groß genug, darf es nicht mehr bei der Kuh trinken. Die Kuh gibt aber weiter Milch, wenn sie gemolken wird. Das ist dann die Milch, die du zum Frühstück trinkst.

❶ Die Kuh hat gerade ein Kalb bekommen. Ihr Euter gibt nun Milch, um das Kalb zu ernähren. In den ersten Tagen trinkt das Kälbchen die Milch seiner Mutter.

❷ Wenn das Kalb 3 Tage alt ist, wird es von seiner Mutter getrennt und mit Milch aus Trockenmilchpulver gefüttert. Jetzt wird die Kuh mit einer Melkmaschine gemolken.

❸ Die Milch wird in einem großen Bottich gesammelt. Ein Tankwagen bringt sie anschließend in die Fabrik – die Molkerei.

❹ In der Molkerei wird die Milch abgekocht und dann entrahmt oder weiterverarbeitet.

❺ Anschließend wird sie in Flaschen oder lichtgeschützte Verpackungen abgefüllt.

❻ Die Milchflaschen und Milchtüten werden dann in die Geschäfte transportiert, wo du sie kaufen kannst.

Die Melkmaschine

Früher hat man die Kühe von Hand gemolken. Jetzt wird das mit einer elektrischen Melkmaschine gemacht. 4 Saugköpfe werden auf die Zitzen am Kuheuter gesetzt. Die Milch wird angesaugt und läuft durch Schläuche in den Sammelbottich.

❼ Und dann trinkst du eine Tasse Milch, vielleicht mit Kakao und Zucker. Dadurch bekommst du einen wichtigen Teil der Vitamine, die dein Körper täglich braucht.

Schafe – eine wollige Familie

Das Schaf gehört zur Familie der Horntiere. Wir kennen viele verschiedene Schafrassen. Wie ihr sicher wisst, werden die Hausschafe auf eingezäunten Weiden gehalten. Die Wildschafe leben hoch oben in den Bergen in Freiheit.

Schafe sind Herdentiere. Sie machen immer alles gleichzeitig. Wenn du auf sie zugehst, ergreift erst ein Schaf die Flucht, dann rennen alle anderen blökend hinterher.

An jeder Klaue hat das Schaf einen ziemlich harten Huf.

Schafe grasen den ganzen Tag. Weil sie nur im Unterkiefer Zähne haben, können sie nicht beißen: Deshalb reißen sie die Gräser und Kräuter aus, wobei sie das Gras sehr kurz halten.

Der Widder (oder Bock) ist der Vater der Lämmer. Meistens hat er Hörner und setzt sie auch zur Verteidigung ein, wenn er sich bedroht fühlt.

Das Mutterschaf (Zibbe) ist die Mutter der Lämmer. Sie hat nicht immer Hörner.

Die Wolle des Schafes nennt man Schaffell: Sie wiegt bei einem Schaf 2 bis 3 kg.

Den Lämmern wird oft, wenn sie erst ein paar Tage alt sind, der Schwanz abgeschnitten. Das tut ihnen aber nicht weh.

Sehr viele Rassen

Es gibt sehr viele verschiedene Schafrassen, hier einige Beispiele: Das Bergamasker Schaf gibt reichlich Milch, die zu Käse verarbeitet wird; Merino- und Rambouilletschafe werden wegen ihrer Wolle gezüchtet; die Heidschnucken sind für ihr gut schmeckendes Fleisch bekannt.

Merinoschaf

Die Schafwolle

Im Winter wird das Fell immer dichter. Wenn der Frühling naht, fällt es in großen Büscheln ab. Deshalb werden die Schafe, bevor es so weit ist, geschoren, damit man aus ihrem Fell Wolle machen kann.

❶ Am Ende des Frühlings kommt der Schafscherer. Er schert die Schafe mit einer elektrischen Schermaschine.

❷ Ihre Wolle ist jetzt noch fettig und voller Gras und Staub ... Erst einmal muss sie gewaschen werden.

Die Schermaschine

Um die Schafwolle zu gewinnen, verwendet der Scherer eine Schermaschine. Damit kann er die Wolle direkt über der Haut abrasieren. Danach ist das Schaf vollkommen nackt. Aber seine Wolle wächst sehr schnell nach.

❸ Nun werden die Wollfasern in die Länge gezogen: Jetzt ist die Wolle gesponnen.

Einen Wollfaden spinnen

❶ Besorge dir etwas Schafwolle, die schon gereinigt ist. Dreh daraus mit den Fingern eine Schnur und wickle sie um eine Plastikflasche, die mit Sand gefüllt sein muss. Das Ende der Schnur steckst du durch den Flaschenverschluss.

❷ Setz die Flasche in Bewegung, damit sie sich wie ein Kreisel um sich selbst dreht. Gleichzeitig musst du die Wolle zwischen deinen Fingern nach oben ziehen. Wenn es funktioniert, wird der Wollfaden immer länger, während die Flasche langsam nach unten sinkt.

❹ Danach wird die Wolle gefärbt und zu Knäuel oder Strängen geformt.

❺ Und am Schluss werden Mäntel oder schöne, warme Pullis daraus gewebt oder gestrickt.

Die Ziege, der Ziegenbock und das Geißlein

Die Ziegen gehören wie die Schafe zur Familie der Horntiere. Das Männchen wird Ziegenbock genannt, das Junge Geißlein. Ziegen werden vor allem wegen ihrer nahrhaften Milch gehalten.

Wenn das Geißlein 4 Tage alt ist, wird es von der Geiß getrennt und mit dem Fläschchen gefüttert. Dann kann man die Ziege melken. Sind die Geißlein 3 bis 4 Wochen alt, dürfen sie zur Herde.

Bei einem Wurf bekommt die Ziege 2 bis 3 Junge. Sie hat 2 Zitzen, um sie zu säugen.

Ziegen knabbern sehr gern am Laub von Bäumen. Sie suchen sich nur die zartesten Blätter aus. Außerdem lieben sie die Rinde von jungen Sträuchern.

Das Ziegenfell ist ziemlich struppig. Aber unter diesem Fell liegt eine Schicht aus flaumweichen Haaren: Bei der Angora- und der Kaschmirziege wird daraus sogar kostbare Wolle gemacht.

Der Ziegenbock ist größer als die Geiß und hat ein dichteres Fell. Er verströmt einen starken Geruch. Die Böcke haben – wie auch manche Ziegen – einen Bart. Männchen und Weibchen können Hörner haben.

Der Ziegenbart

Die Bärlocken oder Glöckchen

Das Ziegenbock-Spiel

Jeder setzt sich einen Ring mit 2 Hörnern auf, den ihr aus Karton ausschneiden könnt. Als Schwanz nehmt ihr eine Socke, die sich jeder hinten in den Gürtel steckt. Man muss sie ganz leicht herausziehen können. Nun versucht ihr einem anderen Ziegenbock den Schwanz zu stehlen. Wem gelingt es zuerst?

Die Zicklein spielen sehr viel. Sie rennen und springen und machen manchmal richtige Bocksprünge. Außerdem klettern sie gern und rangeln miteinander.

Von der Milch zum Käse

Kühe, Ziegen und Schafe geben ihren Jungen Milch. Wenn sie ihre Jungen nicht mehr säugen, kann man sie melken. Die dabei gewonnene Milch bringt man in die Molkerei, wo aus ihr Käse gemacht wird.

❶ Erst wird die Milch erhitzt. Dann gerinnt sie zu Quark, der in einer Flüssigkeit schwimmt, die man Molke nennt.

❷ Der Quark wird nun mit einem Schöpflöffel in kleine, runde Gefäße gefüllt, die Löcher haben, damit der Quark abtropfen kann.

❸ Am nächsten Tag werden die Käsekugeln gesalzen und wieder in die Gefäße gelegt.

❹ Später nimmt man die kleinen Käse heraus und lässt sie auf einem Gitter trocknen: Das nennt man Veredelung.

❺ Wenn der Käse genug gereift ist, wird er an die Geschäfte ausgeliefert, wo ihn deine Eltern dann kaufen.

❻ Du darfst dir deine Lieblingssorte aussuchen und auf ein Brot streichen. Was für ein Genuss!

So kannst du dir selbst Quark machen

Geh in eine Apotheke und besorge etwas Lab. Das gibst du in einen Liter Milch, den du über Nacht kühl stellst. Am nächsten Tag füllst du das Ganze in ein sauberes Tuch und drückst die Molke über einer Schüssel heraus. Übrig bleibt der Quark. Gib Zucker, Honig oder Marmelade dazu!

Die verschiedenen Käsesorten

Weißt du, wie viel verschiedene Sorten von Käse es gibt? Hunderte! Jeder hat eine andere Form und einen eigenen Geschmack. Es gibt Ziegenkäse, Schafskäse und natürlich Käse aus Kuhmilch. Rund oder viereckig, klein oder groß, gekocht oder roh. Du hast die Qual der Wahl.

Frischkäse

Er ist weich und meistens weiß und heißt zum Beispiel Sahnekäse, weißer Käse oder Feta. Man isst ihn mit Zucker oder mit Salz.

Schnittkäse aus gekochter Milch

Dafür wird der Quark erhitzt und gepresst. Während der Veredelung entstehen Luftblasen im Käselaib. Das sind die Löcher, die du später im Schweizer Käse sehen kannst.

Schnittkäse aus Rohmilch

Er ist nicht so hart, hat keine oder wenig Löcher und heißt zum Beispiel Gouda oder Chester.

Weichkäse

Weichkäse wird bei seiner Herstellung nicht erhitzt. Diese Käsearten sind innen weich und haben eine trockene Rinde. Wir kennen den Camembert, den Brie oder den Elsässer Münsterkäse.

Käse mit Edelschimmel

Bei dieser Art dauert die Veredelung sehr lange, oft mehrere Monate. Der Käse ist dann von blauen Adern durchzogen und heißt zum Beispiel Roquefort oder Gorgonzola.

Schmelzkäse

Viele Schnittkäse kann man schmelzen. Dann bekommt man einen Käse, der sich sehr leicht aufs Brot streichen lässt.

Was du aus Milch machen kannst

Aus Kuhmilch kann man aber auch zu Hause wohlschmeckende Speisen herstellen. Hier findest du 3 Rezepte für kleine und große Feinschmecker. Lade deine Eltern ein und verwöhne sie einmal!

Menü: Käse-Crêpes, Zucchini-Auflauf, Birnenkuchen

Käse-Crêpes

Vermische in einer Schüssel 500 g Mehl, 5 Eier und einen Kaffeelöffel Salz. Gib nach und nach 4 Tassen Milch und 2 Tassen Wasser dazu. Dann musst du den Teig eine Stunde ruhen lassen.
Bitte einen Erwachsenen dir beim Backen der Crêpes zu helfen.

Bestreiche die Pfannkuchen mit etwas Béchamel-Sauce und geriebenem Schweizer Käse. Roll sie zusammen und leg sie in eine feuerfeste Form. Übergieße sie noch einmal mit Béchamel-Sauce und streue noch etwas geriebenen Schweizer Käse darüber. Dann müssen sie im Ofen überbacken werden. Das dauert etwa 5 Minuten.

Birnenkuchen

Wasche und putze 3 Birnen und schneide sie in dünne Scheiben. Dann legst du sie in einem schönen Muster in eine kleine gebutterte Kuchenform. Verrühre nun 3 Löffel Mehl, 3 Löffel Zucker, 3 Eier und 1 Tasse Milch. Gib diese Mischung über die Birnen.
Ein Erwachsener soll für dich den Kuchen 30 Minuten im Ofen backen. Dann überstreust du ihn noch mit Puderzucker.

Zucchini-Auflauf

Zuerst musst du 1 kg Zucchini waschen und putzen und in dünne Scheiben schneiden.
Mit Hilfe eines Erwachsenen kochst du die Zucchini-Scheiben dann 5 Minuten in Salzwasser.
Vermische 1 Tasse Mehl, 2 Tassen Milch und 3 Eier und salze und pfeffre den Teig. Dann verteilst du die gut abgetropften Zucchini in einer gebutterten Form und gießt die Teigmischung darüber. Jetzt kommt der Auflauf für 30 Minuten in den Ofen.

Die ungeliebten Schweine

Bei ihnen heißt der Vater Eber, die Mutter Sau und die Kinder Ferkel. Und was ist nun ein Schwein? Das ist ein männliches Tier, das kastriert wurde und deshalb keine Jungen mehr zeugen kann. Es wächst schneller als die anderen.

Eine Sau kann 12 Junge auf einmal bekommen. Sie hat 7 Paar Zitzen. Jedes Ferkel saugt immer an derselben Zitze.

In den ersten Tagen trennt man das Mutterschwein mit einem Gitter von den Jungen, weil es so groß ist, dass es die Ferkel erdrücken könnte. Die Ferkel können aber zu ihrer Mutter und trinken. Damit sie nicht frieren, hängt man eine Infrarotlampe in den Schweinestall, unter der sie es schön warm haben.

Sauber wie ein Schwein!

Man hört oft: „Du bist schmutzig wie ein Schwein." Dabei sind Schweine saubere Tiere. Sie halten ihren Schlafplatz rein und erledigen ihre Bedürfnisse an anderer Stelle. Nur weil sie nicht schwitzen können, suhlen sie sich im kühlenden Schlamm.

Die Haut des Schweins ist mit ganz kurzen Haaren bedeckt, die man Borsten nennt.

Sein Maul ist vorn ganz flach: Das ist der so genannte Schweinerüssel, mit 2 Nasenlöchern zum Atmen.

Schweine fressen alles: Körner, Obst, Gemüse- und Küchenabfälle, kleine Tiere. Sie sind Allesfresser – wie du auch.

Pferd, Stute und Fohlen

Früher waren die Pferde auf dem Bauernhof von großem Nutzen. Sie mussten den Pflug und die Wagen ziehen. Dafür nahm man stämmige und sehr robuste Pferderassen. Heute braucht man Pferde nur noch in wenigen Gegenden für die Landarbeit; zum Beispiel in der Camargue (Frankreich), wo sie beim Hüten der großen Viehherden helfen.

Der Pferdeschweif dient vor allem dazu, die Fliegen zu verjagen.

Der Hengst ist der Vater des Fohlens. Er grast auf einer eigenen Koppel. Man trennt die Hengste, weil sie sonst miteinander kämpfen würden.

Der Pferdefuß endet in einem Huf aus Horn. Diese Hufe wachsen ständig weiter. Deshalb müssen sie regelmäßig gekürzt und mit einem Hufeisen geschützt werden.

Das Pferd hat langes Mähnenhaar, das ständig wächst.

Der Pony fällt ihm in die Stirn.

Die Mähne

Achtet auf eure Finger!

Du darfst einem Pferd Leckerbissen wie Apfelstückchen oder Karotten geben. Bitte vorher den Besitzer um Erlaubnis. Lege dann das Futter auf deine flache Hand. Sei vorsichtig! Das Pferd kann nicht sehen, ob es eine Karotte oder deinen Finger nimmt …

Die Zähne des Pferds wachsen ständig nach, aber es nützt sie ab. Mit seinen Vorderzähnen schneidet es das Gras, mit den Hinterzähnen kaut es. Das Alter eines Pferdes lässt sich am besten an seinem Gebiss feststellen.

Das Fohlen trinkt bei der Stute bis es 6 Monate alt ist. Bereits mit 2 Monaten beginnt es, zu grasen, um seine Mama nachzuahmen – aber zunächst ganz wenig.

Esel, Eselin und Eselsfüllen

Früher war der Esel sehr wichtig, um Karren zu ziehen oder schwere Lasten zu tragen. Heute lässt man ihn nur noch sehr selten arbeiten. Manchmal dürfen Kinder auf ihm spazieren reiten.

Die großen Ohren drehen sich in die Richtung, aus der ein Geräusch kommt.

Esel haben lange, weiche Haare. Meistens sind sie grau oder kastanienbraun und haben am Rücken eine dunklere Zeichnung.

Esel fressen Gras, aber sie mögen auch gern würzige Kräuter. Als Nachtisch ist zum Beispiel eine Distel sehr willkommen.

Dickschädel!

Das Maultier oder die Mauleselin ist das Junge von einer Pferdestute und einem Esel. Der Maulesel ist der Sohn von einer Eselin und einem Hengst. Der Maulesel wiehert wie ein Pferd, das Maultier schreit wie ein Esel.

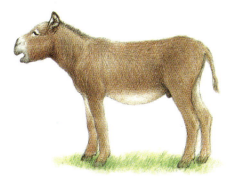

Der Esel lebt getrennt von der Eselin auf einer benachbarten Weide. Sein Geschrei ist nicht zu überhören: „I-ah, i-ah, i-ah!"

Esel sind sehr robust. Sie können weite Wege zurücklegen, und das sogar auf steinigen Gebirgspfaden.

Der Esel hat kleine Hufe, aber einen sicheren Tritt.

Die Geburt eines Esels

Oft kommt der Tierarzt, um der Eselin beim Fohlen zu helfen. Bald ist es so weit, sie hat sich auf die Seite gelegt und ihr Bauch ist sehr dick.

❶ Zuerst kommen die Vorderpfoten des kleinen Esels, dann der Kopf und schließlich der restliche Körper.

❷ Sofort leckt die Mutter ihr Junges ab und stupst es mit der Nase, damit es aufsteht.

❸ Sobald es sich auf den Beinen halten kann, trinkt das Junge bei der Mutter.

Stimmen auf dem Hof

Kennst du die verschiedenen Tierstimmen, den Ruf, mit dem die Bäuerin die Hühner lockt? Ja? Dann ahme die Stimmen doch gleich mal nach!

Muh, macht die Kuh.

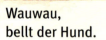

Wauwau, bellt der Hund.

Kikeriki, kräht laut der Hahn.

Miau, macht die Katze.

Iiiiiiiii, pfeift die Maus.

Dokdokdokdok, gackert das Huhn.

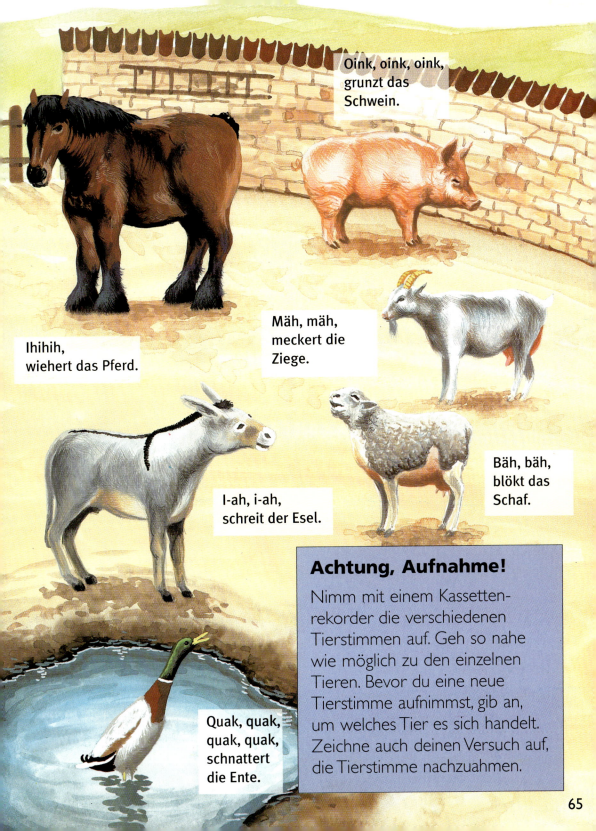

Tierspuren und Kot

Auf dem Bauernhof war es heute ganz ruhig. Kein einziges Tier ist zu sehen. Wenn du dich aber genau umschaust, weißt du trotzdem, wer hier war.

Die Spuren

Um den Teich herum ist die Erde weich. Hier siehst du einige Fußspuren. Geh hin und schau sie dir genau an. Aber pass auf, dass du sie nicht zertrittst, sonst kannst du nichts mehr erkennen. Such dir einen vollständigen Fußabdruck und versuche herauszufinden, von welchem Tier er stammen könnte.

Die Kuh

Kuhfladen

Der Hund

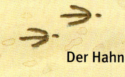

Der Hahn

Die Katze

Das Huhn

Mäuseköttel

Der Kot

Es gibt noch andere Hinweise darauf, wer sich hier aufgehalten hat. Schau genau hin – auf dem Boden liegt Kot. Er sieht bei jedem Tier anders aus. Den Kuhfladen zum Beispiel kannst du natürlich besonders leicht erkennen.

Ungebetene Gäste

Viele Tiere leben heimlich auf dem Bauernhof. Keiner hat sie eingeladen, aber sie sind trotzdem da, ganz in der Nähe der Menschen.

Die Maus

Mäuse sind überall und fressen alles: Papier, Körner, Käse, Obst. Den Abdruck ihrer Zähne kannst du sogar auf der Seife oder auf Plastik entdecken.

Der Fuchs

Der Fuchs schleicht nachts um den Hühnerhof, aber nur selten gelingt es ihm, ein Huhn zu stehlen. Zum Glück findet er aber auch andere Leckerbissen, zum Beispiel Mäuse.

Die Spinne

Die meisten Spinnen, die bei uns wohnen, sind Hausspinnen. Sie sitzen in ihrem Netz und warten darauf, dass ihnen eine Fliege in die Falle geht.

Die Fliege

Fliegen haben 2 durchsichtige Flügel und 6 Beine mit Saugfüßen. Die Fliege ist sehr beweglich und kann sich mit einer einzigen Bewegung um sich selbst drehen.

Die Eule

Die Schleiereule baut ihr Nest in einer Scheune oder in einem Schuppen. Wenn es dunkel wird, fliegt sie los, um Mäuse zu jagen.

Die Fledermaus

Sie lebt oft in der Nähe von Bauernhöfen. Tagsüber schläft sie in einem Schlupfloch. Nachts macht sie sich auf die Jagd nach Insekten.

Der Steinmarder

Er ist so beweglich und geschickt, dass er auch durch die kleinsten Löcher schlüpfen kann. Wenn alle Menschen schlafen, besucht der Marder Scheune und Hühnerstall. Er frisst Mäuse und Eier.

Die Haselmaus

Die Haselmaus ist die kleine Verwandte des Siebenschläfers und eine große Feinschmeckerin. Im Schutz der Nacht begibt sie sich in den Garten und knabbert am Obst. Tagsüber schläft sie in der Scheune.

3 - NOCH MEHR TIERE

„Was machst du da?", fragt der Marienkäfer. „Ich fliege wieder nach Hause, schönes Fräulein", antwortet die Biene.

Der Bienenkorb

Die Bienen wohnen im Bienenkorb. Die Zimmer in diesem Haus sind Waben aus Wachs. Die Bienenkönigin herrscht über den Bienenschwarm und legt als einzige Eier – in jede Wabe eins. Dann kümmern sich die Arbeiterinnen um die Eier, bis daraus Larven und später Bienen werden.

Pollen und Nektar

Die Bienen sammeln die Pollen und den Nektar der Blüten und bringen sie in den Bienenkorb. Der noch flüssige Nektar und die Pollen werden dann in den Wachswaben aufbewahrt.

Der Honig

Die Arbeiterbienen verschlucken den Nektar und würgen ihn wieder heraus – und zwar mehrmals. Dabei schlagen andere Bienen schnell mit den Flügeln, um das im Nektar enthaltene Wasser verdampfen zu lassen. So wird er immer dicker und süßer, bis es Honig ist.

Das Wachs

Wieder andere Bienen sondern Wachs ab. Daraus bauen sie Reihen von kleinen sechseckigen Zellen, die Waben. Wenn die Waben mit Honig gefüllt sind, verschließen die Bienen sie mit einem Deckel aus Wachs.

Die Bienenzucht

Manche Tiere sind für den Menschen nützlich. Er lässt sie für sich arbeiten und erntet die Früchte ihrer Arbeit. So macht das auch der Imker. Die Bienen stellen den Honig her, von dem er sich einen Teil nimmt. Außerdem bekommt er auch Wachs von ihnen.

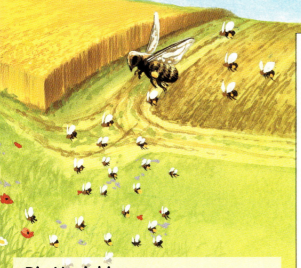

Die Honigbienen

Die ältesten Bienen im Korb sind die Honigbienen. Sie fliegen auf der Suche nach Blumen oft kilometerweit. Wenn sie volle Blüten gefunden haben, zeigen sie den anderen Bienen mit einem Tanz im Korb, wohin sie fliegen müssen.

Der Imker

Der Imker trägt einen festen Overall, einen Hut mit einem dichten Schleier und dicke Handschuhe. So können ihn die Bienen nicht stechen. Er bläst Rauch in den Bienenkorb, damit die Bienen einschlafen. Dann nimmt er eine Wabe mit dem Honig heraus.

Honig und Wachs

Der Imker hat Honigwaben aus dem Bienenstock genommen. Einen Teil des Honigs dürfen die Bienen behalten, denn sie ernähren sich davon. Jetzt wird der Honig verarbeitet.

Die Honigschleuder
Dann hängt er die Waben, so wie sie sind, in die Honigschleuder, in der sie dann sehr schnell im Kreis herumgedreht werden.

Der Deckel aus Wachs
Der Imker entfernt mit einem großen, erhitzten Messer den Wachsdeckel, der die einzelnen Waben verschließt.

> **Vorsicht, das pikt!**
> Verhalte dich wie ein Imker, wenn du dich einem Bienenkorb näherst: Schutzkleidung tragen, keine hastigen Bewegungen, kein Lärm …

Der Honig fließt
Der Honig wird aus den Waben geschleudert und läuft nach unten. Goldfarben fließt er aus der Honigschleuder.

Der Honig wird abgefüllt

Der Imker füllt den Honig in verschieden große Gefäße aus Glas oder Plastik und verschließt sie dann.

Ein Lebkuchen-Mann

Du brauchst dünne Scheiben Lebkuchen. Schneide mit einem Messer die verschiedenen Teile eines Männchens aus: Arme, Beine, Kopf und Körper. Klebe sie mit Honig zusammen und überziehe den Lebkuchen-Mann mit geschmolzener Schokolade. Verziere ihn noch mit bunten Bonbons.

Aus Wachs

Aus Bienenwachs werden Kerzen gemacht. Außerdem behandelt man Möbel und Parkett mit Wachs, um das Holz zu nähren und zu schützen.

Aus Honig

Aus Honig macht man Honigkuchen, Kuchen oder Bonbons. Du kannst ihn aber auch auf einem Butterbrot oder mit Jogurt vermischt essen.

Der nützliche Marienkäfer

Der Marienkäfer hilft dem Gärtner: Er frisst die Blattläuse, die den Saft der Pflanzen saugen. Um keine Chemikalien gegen Blattläuse einsetzen zu müssen, züchtet man Marienkäfer in kleinen Käfigen aus Draht, der mit feinem Stoff überzogen ist.

❶ **Die Eier**
Der Marienkäfer legt zwei Wochen lang jeden Tag etwa 50 winzige, gelbe Eier, die er in kleinen Paketen an die Unterseite von Blättern klebt.

❷ **Die ersten Larven**
Nach 5 Tagen verwandeln sich die Eier in graue Larven mit orangen Pünktchen.

❸ **Die Blattläuse**
Sobald Larven aus den Eiern entstanden sind, machen sie sich daran, Blattläuse zu fressen.

Marienkäfer auf deinen Rosen

Wenn der Sommer beginnt, kannst du Eier kaufen, die bald zu Marienkäfern werden und die Blattläuse in deinem Garten vernichten. Befestige das Röhrchen mit den Eiern an einem Rosenstock, auf dem Blattläuse sitzen. Bald entstehen die Larven, krabbeln aus dem Röhrchen und beginnen die Blattläuse aufzufressen.

❺ Der Marienkäfer

Dann kommt die letzte Häutung. Diese große Larve bewegt sich 8 Tage lang nicht und frisst auch nicht mehr. Eines Tages schlüpft ein Marienkäfer. Im Frühjahr darauf wird er selbst auch Eier legen.

❹ Die Larve häutet sich

Nach ein paar Tagen ist die Larve so groß geworden, dass sie ihre Haut wechseln muss: Sie häutet sich. Innerhalb von 14 Tagen macht sie das viermal, bis sie schließlich über 1 Zentimeter lang ist.

❻ Eier aus der Röhre

Der Züchter gibt die Marienkäfer-Eier in ein Plastikröhrchen, um sie an die Gärtner zu verkaufen. Die zukünftigen Marienkäfer kommen in einem echten Garten zur Welt.

Wie der Regenwurm Humus macht

Der Regenwurm frisst Erde und scheidet sie wieder aus. Die Erde, die er auswirft, ist voller Mineralien und deshalb sehr gut für die Pflanzen: Man nennt sie Humus.

Maul

Die Nahrung

Der Regenwurm gräbt unterirdische Gänge und frisst dabei Erde, Pflanzenreste und verwelktes Laub.

Erdauswurf

Erdauswurf

An der Erdoberfläche scheidet er die Reste seiner Nahrung aus. Dabei entstehen kleine wurmförmige Häufchen aus bester Erde – der Humus.

Achtung, Feinschmecker!

Regenwürmer haben Feinde, die sie zum Fressen gern haben: die Amsel, das Käuzchen, den Maulwurf und den Igel. In den Kästen, in denen Regenwürmer gehalten werden, schützt man sie mit Netzen vor den Vögeln und mit tief in die Erde eingegrabenen Wänden vor ihren anderen Verfolgern.

Im Zuchtkasten

Der Regenwurmzüchter baut einen großen Kasten, der nach oben offen ist. Dann füllt er ihn mit Pflanzenresten, Erde, zerkleinertem Mist und tausenden von Regenwürmern.

Schutz vor Feinden

Über den Kasten spannt er ein feinmaschiges Kunststoffnetz, um die Würmer vor den Vögeln zu schützen. Regenwasser kann durch das Netz in den Kasten eindringen.

Der Humus

Regelmäßig trägt der Regenwurmzüchter den Humus ab, den die Würmer produziert haben. Dieser Humus wird auch Regenwurmkompost genannt.

Der Humus im Garten

Der Humus wird im Obst- und Gemüsegarten auf dem Boden verteilt. Die Pflanzen, die auf diesem Kompost wachsen, gedeihen besser und tragen mehr Früchte und Gemüse.

Regenwürmer lieben Wasser

Nimm 2 Blätter Papier und lege sie auf 2 Schuhschachteln, die etwa 3 Zentimeter voneinander entfernt stehen. Befeuchte das eine Blatt mit etwas Wasser. Jetzt nimmst du einen Regenwurm und setzt ihn auf das andere Blatt Papier. Es dauert nur ein paar Sekunden, bis der Regenwurm den Zwischenraum überwindet und auf das feuchte Blatt kriecht.

Essbare Schnecken

In einigen Ländern, besonders in Frankreich, isst man sehr gern Weinbergschnecken. Deshalb haben sich manche Bauern auf diese Zucht spezialisiert. Man nennt sie Schneckenzüchter. Wenn die Schnecken groß genug sind, werden sie an Restaurants verkauft.

Der Schneckengarten
Auf einer großen Fläche hat der Schneckenzüchter einen Käfig gemauert. Hier werden die Schnecken gehalten.

Futter frei Haus
Schnecken ernähren sich von jungen Brennnessel- und Löwenzahnblättern. Im Frühling bringt der Schneckenzüchter jeden Tag frische Blätter.

Das Glühwürmchen
Es ist ein großer Schneckenliebhaber. Das Glühwürmchen wartet auf dem Schneckenhaus. Sobald die Schnecke den Kopf herausstreckt, frisst es diese auf. Es kann sehr viele vertilgen!

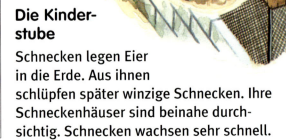

Die Kinderstube
Schnecken legen Eier in die Erde. Aus ihnen schlüpfen später winzige Schnecken. Ihre Schneckenhäuser sind beinahe durchsichtig. Schnecken wachsen sehr schnell.

Bewässerungs-rohr

Wasser, Wasser …
Schnecken brauchen sehr viel Feuchtigkeit. Deshalb bewässert der Schneckenzüchter die Käfige, in denen sie leben.

Zum Schutz
Die Gitter über den Käfigen schützen die Schnecken vor ihren gefräßigen Feinden: der Elster, dem Igel, der Kröte und dem Glühwürmchen.

Schneckenhaus-Musik

Sammle leere Häuschen von Weinbergschnecken und baue dir daraus Musikinstrumente!

Fingertrommel
Setz auf jeden Finger ein Schneckenhaus. Jetzt kannst du mit den Fingerspitzen einen Rhythmus auf der Tischplatte trommeln.

Klick-Klack
Binde 3 Schneckenhäuser an 3 Schnüre und befestige sie dann an einem Stock. Wenn du dein Klick-Klack im Takt von oben nach unten bewegst, ist es ein tolles Instrument.

Pfeife
Suche dir ein schönes großes Schneckenhaus und bohre ein kleines Loch hinein. Wenn du jetzt durch das kleine Loch bläst, pfeift es.

Die Fischzucht

Fischzüchter halten Fische, und zwar meist Forellen. Wenn die Forellen ausgewachsen sind, werden sie an Restaurants oder Fischhandlungen verkauft. Zuchtforellen schmecken aber nicht genauso wie wilde Forellen, die man aus Flüssen fischt.

Die Fischbabys
In das erste Becken setzt der Fischzüchter Millionen von winzig kleinen Fischen – die Fischbrut. Nicht alle werden erwachsen.

Eine Reihe von Fischbecken
Zur Forellenzucht braucht man ein Gelände mit einem Bach. Diese Fische brauchen nämlich ein sauberes, fließendes Gewässer. Der Bach wird angestaut und das Gelände so angelegt, dass er durch mehrere Becken fließen kann.

Das Becken für die Großen

Immer wenn die Fische etwas gewachsen sind, lässt man sie ins nächste Becken, bis sie ausgewachsen sind. Aus dem Becken für die Großen fischt man sie dann mit einem Kescher.

Kleine Fische werden groß

Wenn die Setzlinge ein Stück gewachsen sind, öffnet man das Gitter und lässt die kleinen Fische mit dem fließenden Wasser ins zweite Becken schwimmen.

Einen Kescher basteln

Biege einen Ring aus Draht. Dann nähst du aus Tüll einen Beutel, der an den Drahtring passt. Nun bindest du den Beutel an den Drahtring und befestigst das Ganze an einem langen Stock. Und los geht die Jagd!

Aus dem Leben einer Forelle

Forellen leben in Flüssen und Bächen. Im Frühjahr legen die Weibchen Eier auf dem Grund des Wassers ab. Dann kommt das Forellenmännchen und entleert seinen Samen über den Eiern. Das Weibchen deckt sie anschließend mit kleinen Kieselsteinen zu. Nach einigen Wochen wird dann aus jedem Ei ein schöner Fisch, der irgendwann selbst auch wieder Eier legen wird.

Forellen in Freiheit

Zuchtforellen werden in Gefangenschaft gehalten. Aber wenn der Fischzüchter die Gitter des letzten Beckens reinigt, gelingt es immer einigen schlauen Tieren, in den Fluss zu entkommen: in die Freiheit!

Die Setzlinge

Wenn die kleine Forelle, der Setzling, aus dem Ei schlüpft, hat sie unten am Bauch einen Dottersack. Das ist ihre Futterreserve.

Die Fischeier

Die Eier der Forelle liegen unter kleinen Kieselsteinen versteckt und wachsen. Wenn das Wasser kalt ist, dauert die Brutzeit sehr lange.

Rosa Forelle

Die Forelle hat kleine rote Punkte auf ihrer grauen Haut. Wenn ihr Fleisch nach dem Kochen rosa wird, ist es eine Lachsforelle.

Die junge Forelle

Der Dottersack wird kleiner und verschwindet schließlich. Jetzt muss sich die Forelle selbst ernähren. Sie frisst Insekten, Larven oder Kaulquappen. Eines Tages ist sie ausgewachsen und kann selbst Eier legen.

Andere Fische und Krustentiere

Nicht nur Forellen werden gezüchtet, sondern auch Lachse und Krustentiere, wie zum Beispiel Krebse. Bei all diesen Tieren geht man nach der gleichen Methode vor: Zuerst kauft man Eier und züchtet daraus erwachsene Tiere. Sobald diese zum ersten Mal selbst Eier gelegt haben, verkauft man sie und züchtet ihre Eier weiter.

Zuchtwild

Wild zu züchten ist leichter, als es im Wald zu jagen. Seit einigen Jahren gibt es immer mehr Zuchtbetriebe für Wildschweine und Bisonrinder. Ihr Fleisch ist sehr aromatisch und weniger fett als das von Kühen oder Schafen.

Wurzeln und Früchte
Wildschweine suchen sich einen Großteil ihrer Nahrung selbst: Wurzeln, Insektenlarven, Eicheln oder Kastanien. Der Züchter füttert sie zusätzlich mit Mehl und Körnern.

Ein wildes Schwein
Das Wildschwein lebt im Wald. Es legt jede Nacht viele Kilometer auf der Suche nach Nahrung zurück. Wenn man Wildschweine artgerecht züchten will, hält man sie am besten in Familienverbänden in einem großen Eichen- oder Kastanienwald, der eingezäunt sein muss.

Bis zum Alter von 6 Monaten sind die Frischlinge beige-braun gestreift.

In den nächsten 6 Monaten werden die kleinen Wildschweine „Heurige" genannt. Ihre Borsten sind dann fahlrot.

Braten, Wurst und Schinken

Aus Wildschweinfleisch wird Braten, Wurst und Schinken gemacht. Aus dem Fell kann man zum Beispiel Zahnbürsten, Besen und Kleiderbürsten herstellen.

Bisons – Verwandte aus Amerika

Das Bison ist viel größer als seine Verwandte, die Kuh. Es lebt eigentlich in Amerika und braucht sehr viel Platz. Bei uns werden Bisons wegen ihres sehr zarten und teuren Fleisches gehalten. Außerdem macht man Mäntel aus Bisonleder.

Im gestreiften Pyjama

Die Frischlinge wachsen bei ihrer Mutter, der Bache, auf. Im Alter von 2 bis 3 Jahren bilden sich ihre gefährlichen Eckzähne, dann heißen sie „Keiler". Wenn die männlichen Wildschweine ausgewachsen sind, leben sie die meiste Zeit in einem benachbarten Waldstück.

Jagdwild

Es gibt noch mehr Zuchtwild. Manche – wie zum Beispiel die Rehe – werden wegen ihres Fleisches gehalten. Andere wie der Fasan und die Wachtel werden einige Tage vor Beginn der Jagdzeit in die Freiheit entlassen. Wieder andere wie das Damwild dienen zur Zierde von Schlossgärten und Parkanlagen.

Vom ersten bis zum zweiten Lebensjahr ist der „Schwarzkittel" ein geselliges Tier.

Fasan

Exotische Tiere

Der Strauß und das Krokodil, die aus Afrika kommen, gewöhnen sich sehr leicht an unser Klima. Man darf sie nicht jagen – aber man kann sie züchten.

Der Strauß

Der Strauß kann von allen Vögeln am schnellsten laufen. Man züchtet ihn in großen Freigehegen, weil er es nicht verträgt, eingesperrt zu sein. Strauße fressen alles und müssen zweimal am Tag gefüttert werden.

Die Mauser

Obwohl Strauße nicht fliegen können, haben sie wunderschöne Federn. Zweimal im Jahr mausern sie sich: Sie verlieren eine Feder nach der anderen, dann wachsen ihnen neue. Aus den Federn werden Daunendecken oder Hutfedern gemacht.

Ein riesiges Ei

Das Straußen-Ei ist das größte von allen Vogeleiern. Seine Schale ist so stabil, dass sich ein Kind darauf stellen kann, ohne dass sie zerbricht.

Straußenleder

Die Haut von den Beinen, die federlos und sehr dick ist, wird zur Herstellung von Handschuhen, Gürteln und Handtaschen verwendet.

Das Krokodil

Wilde Krokodile leben in Flüssen. Sie sind Fleischfresser und ernähren sich von Tieren, denen sie auflauern. In manchen Ländern gibt es sogar Krokodilfarmen.

Ganz sanft

Wenn ein Krokodil satt ist, ist es nicht gefährlich. Trotzdem zäunt man ihr Gehege ein, um jeden Unfall zu vermeiden.

Krokodileier

Krokodilweibchen legen Eier. Der Farmer bringt sie an einen warmen Ort. Die Krokodilbabys kommen in eigene Becken.

Ein ruhiges Leben

Krokodile liegen oft stundenlang mit weit aufgerissenem Maul in der Sonne: So wärmen sie ihr kaltes Blut.

Wenig Appetit

Ein Krokodil frisst nur 2 kg Fleisch in der Woche! Die übrige Zeit verbringt es mit Verdauen und Schlafen.

Lamas fressen dürres Gestrüpp

Das Lama ist verwandt mit dem Kamel und lebt eigentlich in Südamerika, hoch oben in den Anden. Man hat es nach Europa geholt, wo es sich hervorragend angepasst hat und gut züchten lässt.

Die Lamas fressen das Gestrüpp und halten so das Heideland in gutem Zustand.

Lamas werden einmal im Jahr geschoren. Aus ihrer kräftigen Wolle werden Teppiche, Decken und einige Kleidungsstücke gewebt.

4 – IM WECHSEL DER JAHRESZEITEN

Golden die Ähren, blau der Sommerhimmel, grün die Weintrauben, rot der Klatschmohn, weiß die Margerite, die ich für dich gepflückt habe.

Die Felder im Frühling

Der Bauer bestellt die Felder. Im Frühjahr kommen die Pflanzen aus der Erde. Es fängt überall angenehm zu duften an und die Vögel singen wieder. Für den Bauer ist das der Beginn einer Jahreszeit, in der er besonders hart arbeiten muss: ackern, säen, jäten und gießen.

Der Raps
Der Raps beginnt als eine der ersten Ackerpflanzen zu blühen. Seine leuchtend gelben Blüten sitzen auf langen Halmen und duften stark. Wenn der Frühling zu Ende geht, verwelken sie und verwandeln sich wie grüne Bohnen in Schoten.

Der Weizen
Das Weizenfeld ist im Frühjahr grün. Man könnte glauben, es wäre Gras. Aber es sind die jungen Weizentriebe, die schnell wachsen. Die Körner sind bereits im Herbst ausgesät worden. Den Winter über keimten sie in der Erde.

Der Löwenzahn
Überall auf den Wiesen blüht jetzt der Löwenzahn. Seine Samen, die wie kleine Fallschirme aussehen, nimmt der Wind mit. So sät sich der Löwenzahn überall aus. Im Frühling kannst du seine zarten Blätter als Salat essen.

Der Wein

An den Weinstöcken, die wie tot ausgesehen haben, brechen jetzt die dicken Knospen auf. Die Reben wachsen und der Bauer bindet sie an Schnüre. Das nennt man Anspalieren.

Der Mais

Der Bauer pflügt einen Acker um, der sich den ganzen Winter über ausgeruht hat. Mit der Pflugschar wendet er die Erde. Dann fährt er mit der Sämaschine über das Feld und sät Maiskörner.

Die Entwicklung des Weizens

Lege ein Herbarium an. Auf die erste Seite klebst du ein Weizenkorn. Dann holst du alle zwei Wochen einen Weizenhalm vom Feld. Trockne ihn und klebe ihn auf die jeweils nächste Seite. Du beendest die Sammlung im Sommer, wenn du eine reife Weizenähre einklebst.

Es duftet nach Heu

Im Frühjahr wächst das Gras sehr schnell. Wenn es hoch genug steht, wartet der Bauer trockenes Wetter ab und mäht es. Das nennt man Heuernte. Das trockene Heu wird gesammelt und im Winter als Futter für die Tiere benutzt. Wenn das Gras gut wächst, kann der Bauer gegen Ende des Sommers ein zweites Mal Heu ernten.

❶ Das grüne Gras

Wenn das Gras so hoch steht, dass du dich darin verstecken kannst, ist es Zeit für die Heuernte. Es gibt verschiedene Gräser: Klee, Luzerne, Quecke ...

❷ Das Gras wird gemäht

Die Mähmaschine schneidet das Gras dicht über dem Boden ab. Die Grashalme fallen dabei in Reih und Glied zur Seite. So bleiben sie liegen.

❸ Das Gras trocknet

Das Gras bleibt einige Tage auf der Wiese liegen. Die Sonne trocknet es und es wird gelbbraun. Der Bauer beobachtet besorgt den Himmel. Sollte es regnen, bevor das Gras getrocknet ist, könnte es verfaulen.

❹ Das Heu

Aus dem Gras ist Heu geworden. Es duftet nun auch ganz anders. Der Bauer fährt mit dem Heuwender über die Wiese. Er wendet das Heu und lockert es auf, damit es von allen Seiten gut trocknen kann.

❻ Der Heuboden

Die Heuballen werden in die Scheune gefahren. Mit einem Laufband bringt man sie auf den Heuboden. Oben nimmt der Bauer die Heuballen mit der Gabel an und stapelt sie ordentlich.

❺ Die Heuballen

Einige Tage später ist das Heu ganz trocken. Jetzt kommt der Heubündler, sammelt es auf und verschnürt es zu großen Paketen. Das sind die Heuballen.

Ein Strauß aus Gräsern

Sammle verschiedene trockene Gräser. Tauche sie einzeln in Wassergläser, die du mit Wasserfarbe oder Tinte unterschiedlich gefärbt hast. Trockne die Gräser danach auf Zeitungspapier. Dann kannst du daraus einen schönen Strauß machen, der das ganze Jahr über hält.

Die Feld- und Wiesenbewohner

Viele kleine Tiere warten sehnsüchtig auf den Frühling. Sie leben auf den Feldern, ganz in der Nähe der Bauernhöfe, aber man sieht sie nicht. Sie verstecken sich oder sind nur nachts unterwegs. Manche von ihnen vertilgen einen Teil der Ernte.

Der Regenwurm

Der Regenwurm gräbt Tag und Nacht winzige Gänge in die Erde. So gelangen Luft und Wasser in den Boden. Er ist ein wichtiger Gehilfe für den Gärtner.

Die kleine Feldratte

Die Feldratte ist klein und leicht. Deshalb kann sie gut an den Getreidehalmen hinaufklettern, um die Körner aus den Ähren zu knabbern. Sie baut ihr Nest oben in den Halmen, die sie mit Grashalmen verknotet.

Die Möwen

Am Meer und in der Nähe von Flüssen und Seen suchen Möwen in der Erde frischer Furchen nach Regenwürmern, Insektenlarven und anderem Kleingetier.

Die Feldmaus

Die Feldmaus frisst die jungen Getreidetriebe. Und nicht nur das, sie legt sogar noch Vorräte an! Wenn es sehr viele Feldmäuse gibt, ist die ganze Ernte in Gefahr.

Das Wildkaninchen

Das Kaninchen gräbt seinen Bau in der Nähe von Büschen und Sträuchern. Es frisst Gras und Wurzeln und ist ein Feinschmecker. Außerdem haben Kaninchen immer eine große Familie.

Der Bussard

Dieser Greifvogel baut sein Nest auf dem Boden, auf einem frisch abgeernteten Feld. Er frisst kleine Nagetiere wie z. B. Wühlmäuse und Feldratten. Deshalb ist er eine große Hilfe für den Bauern.

Die Felder im Sommer

Es ist jetzt sehr heiß und staubig. Im Süden singen die Grillen und Heimchen aus Leibeskräften. Die Felder sind farbenprächtig. Der Sommer ist die Erntezeit. Überall auf den abgeernteten Feldern liegen riesengroße Strohballen.

Der Raps
Die Rapsschoten sind an den Halmen getrocknet. In jeder Schote stecken mehrere schwarze Körner. Sie werden mit dem Mähdrescher geerntet und dann zu Rapsöl gepresst.

Der Weizen
Die Weizenkörner sind reif. Die Ähren sind schwer und lassen die Köpfe hängen. Es wird Zeit für die Ernte.

Der Klatschmohn
Überall am Wegesrand wächst jetzt Klatschmohn. Bei dieser Blume kannst du gleichzeitig die Blüte, die Knospe und sogar die reifen Samenkapseln sehen.

Der Weinstock und die Traube

Die Weinstöcke sind jetzt voll von kleinen grünen Trauben, die zwischen großen Blättern hängen. Die Trauben wachsen durch den Regen und reifen durch die Sonne. Sie brauchen beides, um zu gedeihen, aber nicht zu viel Regen.

Der Mais

Der Mais steht bereits sehr hoch. An manchen Stellen ist er schon größer als du – er kann bis zu 2 Meter hoch werden. Aber die Maiskolben sind noch klein.

Die Sonnenblume

Die Sonnenblumen blühen. Ihre großen Blütenkelche erinnern an leuchtende Sonnen. Solange die Sonnenblumen in der Blüte sind, wenden sie ihre Köpfe immer zur Sonne.

Minigetreidebuch

Besorge dir Ähren von verschiedenen Getreidearten. Zeichne die Umrisse ihres Schattens jeweils auf ein Blatt Papier und schreibe immer den Namen des Getreides zu seiner Silhouette. Jetzt kannst du aus den einzelnen Seiten ein Minibuch machen. Das nimmst du immer mit.

Die Ähren

Die Getreidefelder sind im Sommer goldgelb, wiegen sich im Wind und sehen von weitem alle gleich aus. Aber aus der Nähe betrachtet, wirst du erkennen, dass die Ähren auf jedem Feld anders ausschauen. Um sie bestimmen zu können, musst du ihre Farbe, Form und Länge genau untersuchen.

Der Hafer

Die Haferkörner hängen wie kleine Glöckchen einzeln nebeneinander. Sie sind auffallend länglich.

Der Mais

Der Mais versteckt seine Samenkörner in einer Tasche aus Blättern. An jedem Maisstängel wachsen mehrere Kolben, die im Herbst reif sind.

Die Hirse

Die Ähre der Hirse sieht aus wie eine hellbraune Blume und hält sich aufrecht auf dem Halm. Die Hirse kannst du am leichtesten erkennen.

Der Weizen

Die Weizenähre hängt nach unten, wenn sie reif ist. Sie ist ziemlich steif. Ihre Körner sind dick und fest verschlossen. Der Weizen hat keine Bartfäden an der Ähre. Die Getreidehalme sind sehr lang.

Der Hartweizen

Der Hartweizen hat lange Bartfäden, die so genannten Grannen. Seine Körner sind weniger rund als die des Weizens. Seine Ähre ist etwas gebogen.

Der Roggen

Die Roggenähre ist lang und biegsam. Lange Bartfäden und ziemlich dünne Körner balancieren auf einem steifen Halm.

Die Gerste

Die Gerste sieht dem Roggen sehr ähnlich: Lange Bartfäden wachsen zwischen länglichen Körnern. Die Gerstenähre ist aber kürzer als die Roggenähre.

Vom Getreidekorn zum Brot

Getreide gehört zu den wichtigsten Nahrungsmitteln auf unserer Erde. Wenn das Getreidekorn geerntet wurde, geht es innerhalb einiger Wochen durch die Hände mehrerer Handwerker. Schließlich landet es dann auf deinem Teller – als Brot, Teigwaren oder auch Kuchen.

❶ Das Korn

Das Getreidekorn wird im Herbst gesät und wächst im Frühling. Ein Halm und ein paar grüne Blätter kommen aus der Erde.

❷ Die Ähre

Der Getreidehalm hat jetzt mehrere Blätter und am Ende die Ähre, die reift. Sie ist voller Körner und wird mit der Zeit gelb.

❸ Die Ernte

Jetzt ist es Sommer und der Bauer erntet. Die Getreidekörner sammelt er in einem Anhänger. Die Halme werden zu Stroh.

❹ Das Mehl

Das Getreide wird zur Mühle oder Mehlfabrik gefahren. Der Müller mahlt die Körner mit Maschinen und macht so Mehl und Kleie daraus.

Verschiedene Brotsorten

Es gibt viele verschiedene Brotsorten: Mischbrot, Roggenbrot, Baguette, Weißbrot … und viele Mehlsorten: Weizenmehl, Roggenmehl, Buchweizenmehl, Dinkelmehl oder Vollkornmehl. Kennst du noch andere Brot- oder Mehlsorten?

❺ Der Teig

Dann kauft der Bäcker das Mehl. Er vermischt es mit Wasser, Salz und Hefe. Aus dem fertigen Teig formt er nun Brot, Semmeln oder anderes Gebäck …

❻ Das Brot

… und schiebt es in den Ofen. Eine halbe Stunde später ist das Brot fertig gebacken und der Bäcker holt es aus dem Ofen.

Selbst gemachtes Hefegebäck

Der Bäcker backt Brot. Wie wäre es, wenn du selbst einmal lustiges Hefegebäck machen würdest, in Form von Küken, Fischen, Sternen oder Schnecken? Die schmecken ausgezeichnet, wenn du sie isst, solange sie noch warm sind.

❶ Die Hefe
In einer Schüssel bereitest du zunächst die Hefemischung zu: Dafür vermischst du eine Hand voll Mehl mit einem Stück Hefe und etwas Wasser.

❷ Der Teig
Schütte das Mehl in eine große Schüssel. Dazu gibst du das Mehl, das Ei, die geschmolzene Butter, das Salz und das Wasser. Vermische das Ganze und lass es eine halbe Stunde ruhen.

❸ Das Kneten
Jetzt musst du die Hefemischung, die du vorher angesetzt hast, mit beiden Händen etwa 5 Minuten lang kräftig in das übrige Mehl kneten.

❹ Das Ruhen

Der Teig muss in der Schüssel, zugedeckt mit einem sauberen Geschirrtuch, an einem warmen Ort etwa 1 Stunde ruhen.

❺ Das Formen

Nun knetest du den Teig noch ein bisschen. Dann teilst du ihn in mehrere Stücke. Jetzt kannst du verschiedene einfache Figuren daraus formen. Lege sie auf das Backblech und lass sie noch einmal etwa 1 Stunde ruhen.

❻ Das Backen

Bitte einen Erwachsenen, dass er den Ofen auf 200 Grad vorheizt und das Backblech in den Ofen schiebt. Die Backzeit beträgt 15 bis 20 Minuten. Warte, bis das Gebäck etwas abgekühlt ist. Dann kannst du es mit Marmelade essen.

Dazu brauchst du:

500 Gramm Mehl, 100 Gramm Butter, 1 kleines Glas Wasser, eine Messerspitze Salz, 1 Ei und einen Würfel Hefe.

Die Felder im Herbst

Im Herbst duftet es nach Humus und vermoderter Erde und dem süßen Geruch gepresster Trauben. Die Blätter verwelken und werden dabei bunt. Der Bauer arbeitet auf den abgeernteten Feldern. Er bereitet den Boden für die nächste Saat vor.

Das Pflügen
Jetzt gibt es keine Raps- oder Weizenfelder mehr. Der Pflug gräbt die Erde um und arbeitet die Reste der Ernte in den Boden ein. Er holt die schwarze Erde nach oben und legt sie in saubere Furchen.

Das Säen
Danach fährt der Bauer mit der Egge über das Feld und zerkrümelt die Erde. Die Sämaschine verteilt die Getreidesamen in den Furchen und bedeckt sie mit einer dünnen Schicht Erde.

Der Wiesenchampignon
Zuerst sieht man nur seinen Hut. Seine Lamellen sind rosa und er hat einen Ring um den Fuß.

Der Wein

Auch im Weinberg wird gearbeitet. Die Früchte hängen in saftigen Trauben an den Weinstöcken. Die Leser pflücken sie vorsichtig ab. Wenn es viel Sonnenschein gegeben hat, wird es ein guter Wein.

Der Mais

Jetzt muss auch der Mais geerntet werden. Die goldgelben Maiskolben verbergen sich in vertrockneten, raschelnden Blättern.

Die Sonnenblume

Die Sonnenblumen haben sich verändert. Sie sind schwarz und trocken. Ihre Kerne sind endlich reif. Aus ihnen wird Sonnenblumenöl gemacht.

Denk an die Vögel im Winter

Nutze die Erntezeit, um Körnervorräte anzulegen, mit denen du im Winter die Vögel fütterst. Sammle die Körner, die auf abgeernteten Feldern liegen geblieben sind, in einem Glas. Vögel fressen gern Körner von Sonnenblumen, Mais und anderem Getreide.

Von der Traube zum Wein

Der Herbst ist die Zeit der Weinlese. In den Weinbergen schneiden die Leser die blauen und grünen Trauben mit einer speziellen Schere von den Weinstöcken. Sie werfen sie in Zuber, die sie anschließend in Anhänger ausleeren. Vorausgesetzt, es regnet nicht während der Weinlese! Aus den Trauben wird dann im Laufe von einigen Monaten Wein oder Schnaps.

❶ Saftige Trauben
Die Weintrauben wachsen und reifen am Weinstock. Je wärmer die Sonne ist, desto süßer werden die Früchte. Und umso aromatischer wird auch der Wein.

❷ Die Weinlese
Im Herbst werden alle Weintrauben innerhalb von wenigen Tagen geerntet. Das nennt man Weinlese.

❸ Das Keltern
Sobald ein Anhänger gefüllt ist, werden die Trauben in die Presse geschüttet. Unten läuft dann der Traubensaft heraus.

❹ Die Fässer
Diesen Saft füllt man dann in Fässer, die anschließend gut verschlossen werden. Sie müssen luftdicht sein, damit der Traubensaft gären kann.

Moderne Weinpressen
Für die Weinbaugenossenschaften ist die Traubenernte sehr wichtig. Hier werden die Trauben in einer großen Presse aus Stahl gekeltert. Der Traubensaft fließt dabei direkt in einen großen Bottich, der gleich darunter steht.

❺ Der Wein
Der Traubensaft enthält Zucker. Dieser Zucker verwandelt sich beim Gären in Alkohol. So entsteht Wein aus dem Saft.

❻ Die Flaschen
Später wird der Wein in Flaschen abgefüllt, damit man ihn verkaufen kann. Manche Weine lagern erst mehrere Jahre in Fässern.

Der Mais – vom Korn zum Kolben

Im Süden wird der Mais den ganzen Sommer über bewässert, weil er sehr viel Wasser braucht. Mit der Ernte der Maiskolben wartet man bis zum Ende des Herbstes. Ein Teil der Maiskörner wird zu Maisöl verarbeitet. Außerdem dient Mais als Futter für Enten und Hühner. Natürlich kannst du aber auch Mais essen.

Eine andere Methode

Eine Maschine trennt die Maiskörner vom Rest der Pflanze. Die Körner landen im Anhänger und werden dann in riesige Vorratsbehälter, die Silos, gebracht. Dort trocknen sie noch, bevor sie in die Fabriken kommen und zu Stärkemehl, Maisgrieß oder Alkohol (als Whiskey) weiterverarbeitet werden.

Die Maiskolben

Im Herbst ist der Mais reif. Die Maisstängel sind jetzt ziemlich dürr. Die Kolben stehen aufrecht an den Stängeln, verstecken sich aber in einer Hülle aus Blättern.

Die Maisernte

Je nach Gegend etwas früher oder später, wird im Herbst der Mais geerntet. Die Erntemaschine schneidet die Stängel und entfernt die Kolben von der Pflanze.

Der Trockenkorb

Nach der Ernte werden die Blätter von den Maiskolben entfernt. Sie kommen in einen großen, luftdurchlässigen Gitterkorb, in dem sie den ganzen Winter über trocknen.

Mach dir Popcorn:

Zunächst kaufst du dir Popcorn-Mais. Dann nimmst du einen großen Topf, in dem ein Erwachsener etwas Öl erhitzt. Jetzt schüttest du die Maiskörner hinein, und zwar so viele, dass sie gerade den Boden bedecken. Nun schnell den Deckel auf den Topf! Bald macht es in dem Topf „pop", „pop"... Jedes Korn muss einmal „pop" machen. Wenn du nichts mehr hörst, ist dein Popcorn fertig.

Die Felder im Winter

Die Felder liegen brach. Keine Düfte und frischen Farben mehr! Still und erstarrt ist die Natur im Winter. Es sind die kürzesten Tage des Jahres. Da es abends früh dunkel wird, hat der Bauer weniger Zeit, um seine Arbeit zu tun.

Die Vögel
Viele Vögel verbringen den Winter bei uns. Krähenschwärme und ein paar Raben suchen im Schnee nach übrig gebliebenen Körnern.

Das Getreidefeld
Das Feld ist kalt und leer. Aber unter der Erde liegen bereits die Samenkörner und bereiten sich auf das Keimen vor.

Die Knospen
An den Obstbäumen haben sich die Knospen gebildet. In ihrem Inneren sind noch winzig klein die Blätter, Zweige und Blüten versteckt, die im Frühling herauskommen.

Die Weinstöcke

Die Weinstöcke sind beschnitten. Der Bauer hat viele kleine Zweige, die Reben, mit der Schere abgeschnitten. Der Weinberg hält nun Winterschlaf.

Der Bienenstock

Jetzt sind keine Insekten mehr zu sehen. Die einen sind tot, die anderen schlafen. Die Bienen im Bienenkorb leben wie in Zeitlupe und sammeln keinen Honig mehr.

Der Schnee

Der Schnee deckt alles zu. Er schützt die Keime der Pflanzen, die auf den Frühling warten.

Unter dem Schnee

An einem sehr kalten Tag, wenn es unter 0 °Celsius ist, kannst du ein Experiment machen. Steck ein Thermometer in den Schnee – du wirst sehen, dass es 0 °C anzeigt. Grab unter dem Schnee ein kleines Loch in die Erde und steck das Thermometer hinein – jetzt gibt es 4 °C an. Du siehst, dass die Erde unter dem Schnee wärmer ist als die Luft. Der Schnee schützt den Boden vor der eisigen Luft.

Was bei der Ernte übrig bleibt

Nach der Ernte hast du Stroh gesammelt, ein paar Halme, die auf dem Feld liegen geblieben sind. Hebe auch einige trockene Maisblätter auf. Jetzt brauchst du noch einen Schuhkarton, Kleber, Schnur und ein paar Stückchen Stoff. Nun kannst du deiner Phantasie freien Lauf lassen.

Nimm einige Strohhalme von beiden Seiten des Körpers und kürze sie etwas. Das sind die Arme. Knapp vor den Enden bindest du die Halme zusammen. Jetzt hat die Puppe auch Hände.

Eine Strohpuppe

Nimm eine Hand voll Strohhalme, die alle gleich lang sein sollten. Knicke sie in der Mitte um. Binde sie da, wo der Hals und die Taille sind, mit Bindfaden fest zusammen. Dann bekommt die Puppe noch ein kleines Kopftuch und eine Schürze aus Stoff.

Eine Vogelscheuche

Binde zwei getrocknete Maisblätter über Kreuz zusammen. Setz dem Männchen eine kleine Stoffmütze auf. Dann hast du eine prima Vogelscheuche, die sogar den Vögeln Angst einjagen kann, wenn du sie in einen Baum hängst.

Ein kleines Haus

Schneide die Strohhalme alle gleich lang. Klebe sie einzeln auf eine Schuhschachtel, bis kein Karton mehr zu sehen ist. Vergiss nicht eine Öffnung für die Tür zu lassen. Am Schluss machst du genau so noch ein Dach – fertig ist das kleine Haus.

Seifenblasen

Nimm einen Strohhalm und schneide ihn an einem Ende zweimal ein. Jetzt vermischst du in einer kleinen Schüssel Wasser, etwas Geschirrspülmittel und ein paar Tropfen Glyzerin. Tauche das angeschnittene Ende des Strohhalms in die Flüssigkeit und blase vorsichtig durch das andere Ende hindurch.

Weitere Kulturpflanzen

Auf den Feldern kannst du noch andere Kulturpflanzen entdecken. Je nach Region wird in Europa zum Beispiel im Süden Tabak, im Norden die Zuckerrübe angebaut. Was wo angebaut wird, hängt vom jeweiligen Klima und der Pflanze ab. Diese Sorten nennt man deshalb regionale Kulturen.

Der Tabak

Tabak wird vor allem im Süden angebaut. Man pflückt die Blätter der Tabakpflanze und trocknet sie. Dabei werden sie braun. Dann schneidet man sie in sehr feine Streifen, um daraus Zigaretten und Zigarren zu machen.

Die Zuckerrübe

Die Zuckerrübe wächst im Norden. Sie sieht wie eine riesige weiße Karotte aus. Man erntet sie im Herbst und verarbeitet nur die Wurzelknollen weiter, die Zucker enthalten. Die Rüben kommen in die Zuckerfabrik und verlassen sie später wieder als Streu- oder Würfelzucker.

Der Flachs

Flachs ist eine faserige Pflanze. Man verwendet die Fasern aus ihren Stängeln zur Herstellung von Stoff. Im Juni blüht der Flachs und im Juli ist er reif. Jetzt wird er vorsichtig aus der Erde gezogen und an Ort und Stelle getrocknet. Schließlich wird der Flachs gebrochen und gehechelt. So nennt man das Kämmen, damit man Stoff aus den Fäden machen kann.

Der Reis

Reis ist eine Getreidepflanze aus dem Süden, die sehr viel Wärme braucht und nur wächst, wenn sie mit den Füßen im Wasser steht. Die kleinen Reiskörner wachsen in Ähren an der Spitze der Reishalme. In Europa wird Reis vor allem in Frankreich in der Camargue und in Italien in der Po-Ebene angebaut.

5 – DIE ARBEIT IM

GEMÜSEGARTEN

Eine Gurke biegt sich elegant. Die Schwarzwurzel tanzt dazu lautlos. Und der Blumenkohl wiegt sich leidenschaftlich in den Hüften.

Geräte des Gemüsegärtners

Der Gemüsegärtner ist ein Bauer, der sich auf den Anbau von Gemüse und Obst spezialisiert hat. Er zieht Obst und Gemüse in großen Mengen. Seine Ware verkauft er dann auf den Märkten, in Geschäften oder direkt an Konservenfabriken.

Das Gewächshaus

Damit Obst und Gemüse früher reif werden, pflanzt sie der Gärtner in Gewächshäusern. Vor Wind und Kälte geschützt, wachsen die Pflanzen dort besser.

Rankhilfe

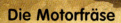

Motorfräse

Die Motorfräse

Die Erde wird mit einer Motorfräse vorbereitet. Der Gemüsegärtner zieht damit Furchen, in die er die Samen legt oder die Pflanzen versetzt.

Die Rankhilfen

Manche Gemüsesorten wie Tomaten oder Erbsen haben einen Stiel, der zu schwach ist, um das schwere Gemüse ohne Hilfe zu halten. Man bindet sie an Rankhilfen.

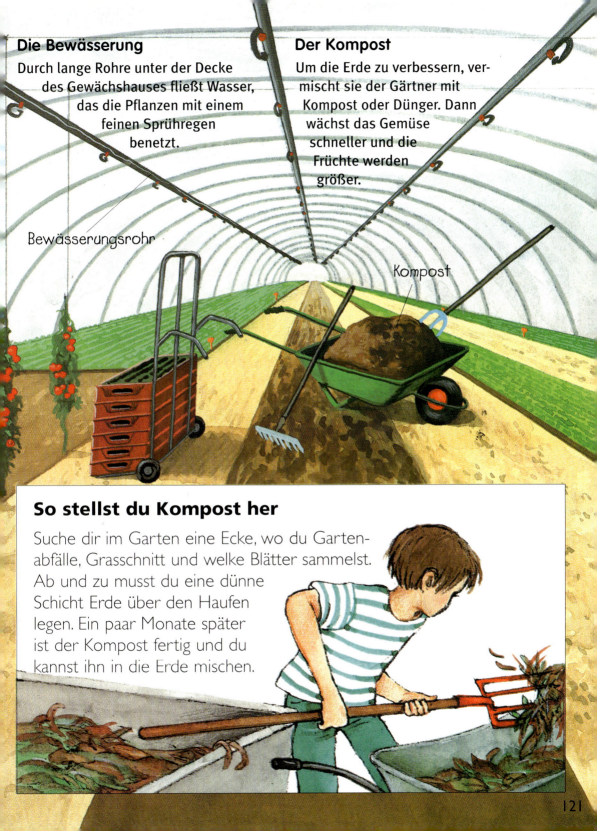

Die Bewässerung

Durch lange Rohre unter der Decke des Gewächshauses fließt Wasser, das die Pflanzen mit einem feinen Sprühregen benetzt.

Bewässerungsrohr

Der Kompost

Um die Erde zu verbessern, vermischt sie der Gärtner mit Kompost oder Dünger. Dann wächst das Gemüse schneller und die Früchte werden größer.

Kompost

So stellst du Kompost her

Suche dir im Garten eine Ecke, wo du Gartenabfälle, Grasschnitt und welke Blätter sammelst. Ab und zu musst du eine dünne Schicht Erde über den Haufen legen. Ein paar Monate später ist der Kompost fertig und du kannst ihn in die Erde mischen.

Was der Gemüsebauer im Frühjahr tut

Im Frühling hat der Gemüsebauer sehr viel Arbeit. Jetzt muss er den Boden für die Aussaat vorbereiten, die Gewächshäuser aufstellen oder reparieren, die riesigen durchsichtigen Plastikfolien über die Gerüste ziehen und das erste Gemüse ernten.

Der Gemüsebauer sitzt auf einem Minitraktor und zieht damit Furchen in die Erde. Dann sät er die ersten Gemüsesorten aus: Karotten, Lauch, Kohl und grüne Bohnen.

Der Winter war hart und der Schnee hat das Gerüst eines Folientunnels zerstört. Der Schaden muss repariert werden.

Um das Gemüse vor Unwetter zu schützen, baut man auf einem Metallgestell einen Tunnel aus Plastikfolie. Zur Belüftung ist der Tunnel an beiden Enden geöffnet.

Anschließend beginnt der Bauer mit dem Pflanzen. Zuerst setzt er kleine Tomatenpflänzchen. Neben jede Pflanze steckt er einen Stock, an den sie später festgebunden wird.

Im Gewächshaus daneben wird gerade der Salat geerntet. Man schneidet die Salatköpfe vorsichtig ab, um die zarten Blätter nicht zu verletzen.

Zierkürbisse pflanzen

Setze im Frühjahr Zierkürbiskerne in den Garten. Beachte, dass die Pflanzen sehr viel Platz brauchen, weil sie sehr groß werden und beim Wachsen wie Schlangen über den Boden kriechen. Nach der Ernte lässt du die Zierkürbisse trocknen, damit sie haltbar werden. Dann kannst du sie sogar bemalen.

Im Mai reifen die ersten Erdbeeren. Auch hier hat die Ernte begonnen. Weil die Erdbeeren nicht alle auf einmal reif sind, muss man mehrmals ernten, wenn man sie alle pflücken will.

Arbeiten im Sommer

Der Sommer ist die Jahreszeit, in der es am meisten zu tun gibt. Obst und Gemüse reifen in den Gewächshäusern und auf dem Feld. Es wird geerntet und in Kisten verpackt, die dann zum Großhandel oder auf den Markt gebracht werden. Dort kannst du das Obst und Gemüse dann ganz frisch kaufen.

Jetzt müssen auch die roten und schwarzen Johannisbeeren und die Himbeeren geerntet werden. Die Sträucher hängen voll von roten und schwarzen Früchten, die der Gärtner direkt an die Marmeladen-Hersteller verkauft.

Die Tomatenpflanzen müssen gezupft werden, das heißt, die nachwachsenden kleinen Triebe werden entfernt, damit sie die Pflanze nicht schwächen. Die Tomaten werden immer runder. Einige sind noch grün, andere bereits schön rot.

Außerdem muss das Unkraut entfernt werden, das die gelben Blüten der Zucchini überwuchert. Die meisten sind schon verblüht und die Zucchini gedeihen gut.

Im Gewächshaus und unter den Folientunnel ist es jetzt sehr warm. Wenn es zu heiß wird, öffnet der Gemüsebauer die Folien, damit die Bohnen mehr frische Luft bekommen. Wenn die Erde nicht mehr feucht genug ist, setzt sich die Bewässerungsanlage in Gang, die automatisch funktioniert.

Selbstbedienung

Manche Gemüsebauern bieten ihr Obst und Gemüse an Ort und Stelle zum Verkauf an. Oft darfst du es selbst ernten und kannst nehmen, was und wie viel du möchtest. Der Name der Pflanzen steht auf einem kleinen Schild, damit man sie nicht verwechselt. Wenn du genug gepflückt hast, wird dein Korb gewogen und du bezahlst deinen Einkauf.

Was der Gemüsebauer im Herbst tut

Die Erntezeit geht ihrem Ende entgegen. Der Gemüsebauer bearbeitet aber weiter den Boden. Er sät noch einige Gemüsesorten, die in der Nachsaison wachsen, und erledigt notwendige Reparaturen.

Jetzt ist auch das letzte Gemüse reif. Der Gemüsebauer erntet noch Kohl, Karotten und Lauch. Daraus kann man eine gute Suppe machen.

Dann reißt er die verwelkten Pflanzen aus, die in diesem Jahr keine Früchte mehr tragen werden: das Grün von Erbsen, Melonen, Zucchini und Kartoffeln. Im nächsten Frühjahr müssen sie alle neu angepflanzt werden.

Doch damit ist die Arbeit noch nicht getan. Die Erde muss bearbeitet werden und die Motorfräse brummt wieder los: Der Boden wird erneut gepflügt.

Jetzt werden auch die Gewächshäuser abgebaut. Erst im nächsten Frühling braucht sie der Gemüsebauer wieder.

Zuletzt müssen noch die Knoblauchzehen gesetzt werden. Diese Zwiebelpflanzen lieben es, den Winter in der Erde zu verbringen. Im Frühling zeigen sie dann ihre ersten grünen Spitzen.

Was der Gemüsebauer im Winter tut

Der Winter ist die ruhigste Zeit für den Gemüsebauern. Die Ernte ist beendet, aber er muss seine Geräte reparieren und aufräumen, damit im Frühjahr alles in Ordnung ist, wenn das neue Arbeitsjahr beginnt.

Dort, wo im Sommer die Gewächshäuser standen, wuchert jetzt Unkraut. Die Erde ruht sich aus. Im nächsten Frühling ist sie dann wieder für die neue Pflanzzeit bereit.

Der Gärtner kontrolliert sein Werkzeug, vor allem die Motorfräse. Wenn sie nicht mehr einwandfrei funktioniert, wird sie repariert. Auch die Bewässerungs- und Sprenkelanlagen werden gewartet.

Im Gewächshaus kümmert sich der Gemüsebauer um die Anzucht der Setzlinge von grünen Erbsen.

Sobald der Winter zu Ende geht, zieht der Gärtner Frühlingszwiebeln und Schnittlauch. Klein geschnitten würzen sie dann die ersten Salate im Frühjahr.

Aber im Winter muss der Gemüsebauer nichts ernten. Es gibt nichts mehr zu pflücken.

Unerwünschte Untermieter

Der Gemüsegarten ist bei vielen Tieren wegen seiner leckeren Speisen beliebt. Die einen bevorzugen Kohl, die anderen Salat oder Karotten. Für jeden Geschmack ist etwas dabei.

Der Maulwurf

Der Maulwurf frisst vor allem Regenwürmer. Tag und Nacht gräbt er im Boden seine weit verzweigten Gänge, und zwar gleich unter der Erdoberfläche. Sie behindern das Wachstum der Gemüsepflanzen.

Die Amsel

Die Amsel frisst gern Kirschen, Erdbeeren, Johannisbeeren oder süße Weintrauben. Um zu verhindern, dass sie allzu viele Früchte stiehlt, versucht man sie abzuschrecken – mit Lärm, glitzernden Gegenständen in den Bäumen oder Vogelscheuchen.

Der Kartoffelkäfer

Seine Larven fressen die Blätter der Kartoffelpflanze. Wenn sich viele Kartoffelkäfer auf einem Acker niederlassen, können die Kartoffeln nicht mehr wachsen.

Die Blattlaus

Blattläuse sind winzig klein. Aber sie vermehren sich sehr schnell und saugen den Saft der jungen Triebe aus – dann kann die Pflanze nicht mehr weiterwachsen.

Der Kohlweißling

Der Kohlweißling ist ein harmloser Schmetterling. Aber seine Raupe ist gefürchtet. Sie frisst die Kohlblätter und lässt nur den Kohlstrunk übrig.

Die Schnecken

Nacktschnecken und Weinbergschnecken lieben ganz zarte Blätter, vor allem die des Salats. Sie fressen in der Nacht und vernichten die Pflanzen immer gerade dann, wenn sie geerntet werden könnten.

Gemüse – über der Erde

Einige Gemüsearten wachsen direkt über der Erde. Sie haben Wurzeln und nur einen sehr kurzen oder gar keinen Stiel. Von diesem Gemüse isst man meistens die Blüte oder die Blätter.

Die Zucchini

Die Zucchini sind verwandt mit der Melone und haben hübsche gelbe Blüten. Diese wachsen an einer niedrigen Pflanze mit dicken Stängeln. Wenn sie verblüht sind, entsteht daraus ein längliches grünes Gemüse, das auf der Erde liegt, weil es ziemlich schwer ist.

Zucchini

Gurkenpflanze

Die Gurke

Die Gurke würde gern genau so groß werden wie die Zucchini. Aber man lässt sie nicht. Die Gurke wird gepflückt, wenn sie noch ganz klein ist, und dann in Essig eingelegt.

Der Kürbis

Der Kürbis ist verwandt mit der Melone, nur ist er größer. Man setzt einen Kürbiskern, aus dem dann eine große Pflanze wächst, die sich über den Boden schlängelt. Sie kann sehr lang werden.

Der Blumenkohl

Der Blumenkohl ist eigentlich eine große weiße Blüte, die in grüne Blätter gehüllt ist. Vom Blumenkohl isst man die Blüte, überbacken oder als Salat.

Der Kopfsalat

Kopfsalat schaut aus wie ein dicker Strauß aus grünen Blättern, die an einem sehr kurzen, dicken Stiel wachsen. Das Salatherz ist besonders zart.

Der Kohl

Er hat große, leicht gekräuselte Blätter, die in der Mitte sehr dicht sind. Der Kohl wächst auf einem kleinen, harten Stängel. Ob gekocht oder roh – der Kohl ist sehr gesund.

Der Lauch

Der Lauch hat einen langen, weißen Fuß und einen grünen Kopf. Der leicht bauchige und weiße untere Teil wächst in der Erde. Alles, was vom Lauch über der Erde wächst, ist grün. Man isst ihn gekocht.

133

Gemüse „am Stiel"

Das ist das Gemüse, das dir gleich auffällt, wenn du in einen Gemüsegarten kommst. Es ähnelt kleinen Sträuchern. Einige dieser Gemüsepflanzen benötigen eine Rankhilfe.

Die Erbse
Ihre länglichen grünen Schoten hängen an den biegsamen Stängeln der Pflanze. Sie sind zwischen den grünen Blättern oft nicht leicht zu finden. Man muss schon die Blätter hochheben, um die Schoten mit den Erbsen zu entdecken.

Grüne Bohnen
Auch die grünen Bohnen verstecken sich zwischen den Blättern. Man darf mit dem Ernten nicht zu lange warten. Wenn die Bohnen zu groß werden, sind sie hart und ungenießbar.

Der Rosenkohl
Die Köpfchen des Rosenkohls, die zahlreich an der Pflanze sitzen, entstehen aus den Blüten des Rosenkohls. Er gehört zur gleichen Familie wie der Kohl und der Blumenkohl, schießt aber sehr in die Höhe. Er braucht keine Rankhilfe.

Die Paprika

Die Paprika ist erst grün und wird dann rot. Sie hängt an einem Stiel und ist innen hohl. Im Inneren einer Paprika sind nur ein paar weiße Kerne, aber kein Saft.

Artischocke

Paprika

Die Artischocke

Die Arischocke sitzt oben auf einem harten Stängel – sie ist eigentlich eine Blumenknospe. Wenn sie nicht rechtzeitig gepflückt wird, öffnet sich die Knospe und eine große violette Blüte erscheint.

Die Aubergine

Die Früchte der Aubergine leuchten violett zwischen den Blättern der Pflanze. Unter ihrer glatten Haut versteckt sich weißes Fruchtfleisch mit vielen kleinen weißen Kernen.

Tomate

Aubergine

Die Tomate

Von einer einzigen Tomatenpflanze kannst du, wenn du sie gut pflegst und an eine Rankhilfe bindest, im Laufe des Sommers dutzende Tomaten ernten. Sie werden erst grün, dann orange und schließlich rot. Die Tomate ist eigentlich eine Frucht, wird aber wie Gemüse gegessen.

Gemüse – unter der Erde

Manches Gemüse versteckt sich. Wenn du seine Blätter im Garten siehst, weißt du noch lange nicht, wo das Gemüse steckt. Es ist unter der Erde. Oft wird der Rest dieser Pflanzen an Tiere verfüttert.

Die Karotte

Ein Strauß aus grüner Spitze! Nimm ihn in die Hand und zieh fest daran. Eine orange Wurzel kommt aus der Erde: die Karotte.

Radieschen

Schon innerhalb von 3 Wochen wird aus einem Samenkorn eine längliche oder runde Wurzel, die man essen kann. Radieschen sind rot und weiß.

Die Kartoffel

An jeder Kartoffelpflanze wachsen mehrere Kartoffeln. Man lässt die Pflanze blühen. Wenn ihre Blätter verwelkt sind, ist es Zeit, die Kartoffeln aus der Erde zu graben.

Die Rübe

Die Rübe ist ganz rund. Sie ist viel größer als ihre Verwandte, das Radieschen, sieht aber sonst sehr ähnlich aus. Außen ist sie violett und weiß, innen ganz weiß.

Die Zwiebel

Die Zwiebel ist eine große weiße Knolle, aus der lange grüne Blätter wachsen. Man kann sie gleich nach dem Ernten essen oder trocknen lassen. Dann bekommt sie eine braune Schale.

Der Spargel

Er wird ausgegraben, bevor sein Kopf aus der Erde schaut. Das Ganze ist ein junger Trieb der Spargelpflanze. Wenn man ihn wachsen lässt, wird er zu einer großen Pflanze mit winzigen Blättern.

Der Knoblauch

Der Knoblauch ist auch eine Knolle, eine Minipflanze, die in mehrere Schalenschichten eingewickelt ist. Eine Knolle besteht aus mehreren Zehen, die eine gemeinsame Wurzel haben.

Das Gemüse auf deinem Teller

Das Gemüse, das geerntet wurde, ist inzwischen geputzt und geschnitten worden und kann jetzt roh oder gekocht gegessen werden. Schau es dir genau an und versuche es im Laden wieder zu erkennen.

Gemüse, das roh gegessen wird

Die rot-weißen Radieschen verspeist du als Ganzes. Mit Salz und Butter sind sie eine Delikatesse. Die Essiggurke ist ein würziger Begleiter für kalten Braten.

Roh oder gekocht

Die süße Karotte und die Zwiebel, der würzige Knoblauch, der knackige Kohl und der Blumenkohl, die sanften Zucchini, die saftige Tomate und die Paprika – sie alle schmecken roh und gekocht, kalt und warm.

Gemüse, das man nur gekocht isst

Kartoffeln schmecken gut als Püree oder Pommes frites. Lauch ist gekocht butterweich und schmeckt fast süß. Aus dem Kürbis macht man ein samtiges Gratin. Die weiße Rübe schmeckt gut in der Suppe. Das Beste am Spargel sind seine Köpfe. Erbsen, grüne Bohnen und Rosenkohl isst man als Gemüseeintopf. Auberginen schmecken ein wenig bitter.

Kartoffeln

Lauch

Rüben

Auberginen

Kürbis

Spargel

Grüne Bohnen

Erbsen

Rosenkohl

Mit verbundenen Augen

Nimm von 8 Gemüsesorten kleine Stücke und lege sie auf Teller. Verbinde einem Freund die Augen. Er soll das Gemüse probieren und erkennen.

Früchte – nicht von Bäumen

Alle diese Früchte hier wachsen auf der Erde oder an kleinen Sträuchern. Du kannst von jeder dieser Obstsorten ein paar Früchte sammeln und ihren Geschmack, ihre Farbe und ihren Saft vergleichen. Wenn du willst, kannst du eine Melone aushöhlen und mit den anderen Früchten füllen. Köstlich!

Die Himbeere
Die Himbeere ist eine Traube aus vielen winzig kleinen Kügelchen, die aneinander hängen. In jeder Kugel ist ein Samenkorn und Saft. Lege eine Himbeere auf deine Zunge und drücke sie gegen den Gaumen. Sofort zerfließt ihr Saft in deinem Mund.

Die Melone
Das zuckersüße Fruchtfleisch der Melone lässt dir das Wasser im Munde zusammenlaufen. Die vielen Kerne der Melone sitzen alle in einer Höhle in ihrer Mitte.

Die Johannisbeere

Koste sie einmal, du verziehst bestimmt das Gesicht. Sie ist ziemlich sauer, schmeckt aber sehr gut als Marmelade.

Die schwarze Johannisbeere

Sie schmeckt besonders gut zusammen mit anderem Obst, mit Quark oder mit Zucker ... Und natürlich auch als Marmelade.

Die Erdbeere

Die Erdbeere trägt ihre Samen auf dem Rücken. Außen ist die Frucht voll von kleinen Grübchen, in denen jeweils ein gelbes Samenkorn sitzt. Innen ist sie saftig und leuchtend rot, manchmal auch rosa.

Ein Bild aus Körnern

Wenn du eine Melone gegessen hast, wirf ihre Kerne nicht weg! Wasche sie gründlich und tauche sie dann in Farbe. Dann trocknest du die gefärbten Körner auf einer Zeitung. Zeichne mit dem Bleistift eine Landschaft auf ein festes Papier und klebe nun die farbigen Körner darauf.

Süße, duftende Marmelade

Du brauchst:
1 kg Erdbeeren, 700 g Zucker, eine Hand voll Apfelkerne, leere Gläser

Zum Kochen der Früchte bittest du einen Erwachsenen um Hilfe. Vorsicht, mit heißer Konfitüre kannst du dich verbrühen! Warte, bis sie ganz abgekühlt ist, bevor du sie probierst. Dann wirst du sehen, dass Marmelade besonders gut schmeckt, wenn du sie selbst gemacht hast.

Marmelade kochen

Zieh eine Schürze an und stelle alles, was du zum Marmeladekochen benötigst, bereit: einen großen, hohen Topf, einen langen Holzlöffel und eine Kelle. Fülle die Apfelkerne in ein Stoffsäckchen, das du gut verschließen musst. Bitte einen Erwachsenen dir beim Kochen zu helfen.

❶ Zuerst musst du die Erdbeeren schnell waschen – sie dürfen nicht lange im Wasser liegen. Dann entfernst du den Stiel, schneidest sie in kleine Stücke und gibst sie in den großen Kochtopf.

❷ Jetzt kommt das Säckchen mit den Apfelkernen dazu. Dann die Marmelade eine halbe Stunde unter ständigem Rühren kochen.

❸ Den Zucker dazugeben und gut mit den gekochten Früchten verrühren. Das Ganze muss dann noch eine weitere halbe Stunde kochen.

❹ Warte, bis die Marmelade etwas abgekühlt ist. Lass dir von einem Erwachsenen helfen sie mit einem Schöpflöffel in die Gläser zu füllen.

❺ Verschließe die Gläser mit Klarsichtfolie. Auf Etiketten schreibst du, wie die Marmelade heißt und wann du sie gekocht hast.

6 – DIE VON DEN

Hübsche rote Kugeln hängen an meinem Ohr.

FRÜCHTE BÄUMEN

Saftig und süß zergehen sie mir auf der Zunge.

Die Arbeit im Obstgarten

Viele Früchte wachsen auf Bäumen. Ein Bauer, der Obst anbaut, legt Felder mit Obstbäumen an: die Obstgärten. Damit es im Herbst ein paar Tage oder Wochen lang Früchte im Überfluss gibt, muss der Obstbauer das ganze Jahr über viel arbeiten. Er schützt die Bäume vor Krankheiten, vor der Kälte, dem Wind, der Dürre, vor Tieren ...

❶ Der Bauer pflanzt junge Apfelbäume für einen Obstgarten. Er gießt sie und häufelt die Erde um die Wurzeln etwas an. Dann dauert es einige Jahre, bis die Bäume zum ersten Mal Äpfel tragen.

❷ Der Apfelbaum ist groß geworden. Jetzt braucht er Nährstoffe, die er sich nicht aus dem Boden holen kann. Der Bauer reichert die Erde an, indem er Dünger um den Baum herum in die Erde einarbeitet.

❻ Im ersten Jahr, in dem der Apfelbaum Früchte trägt, gibt es noch nicht viele. Aber die Ernte wird jedes Jahr größer. Bei ausgewachsenen Apfelbäumen fällt die Ernte jedes Jahr unterschiedlich aus.

❺ Der Obstbauer bewässert die Bäume regelmäßig, damit sie wachsen. Auch die Äpfel werden dadurch größer.

❹ Der Bauer pflegt die Apfelbäume und schützt sie vor Krankheiten und Parasiten, die den Baum schwächen und die Äpfel verderben lassen könnten. Dafür sprüht er sie manchmal auch mit einem Schutzmittel ein.

❸ Im Winter hat der Apfelbaum keine Blätter mehr. Er muss gestutzt werden: Bestimmte Äste und Zweige werden abgeschnitten, damit andere im Frühling nachwachsen können.

Von der Blüte zur Frucht

Der Kirschbaum braucht mehrere Monate, um eine Kirsche zu produzieren. Egal, ob es zehn oder hunderte von Kirschen sind, es dauert immer gleich lang. Zunächst wartet der Kirschbaum erst einmal auf den Besuch von Bienen, Wespen oder Schmetterlingen. Ohne sie gäbe es keine Kirschen: Sie tragen die Pollen von einer Blüte zur anderen.

❶ Die Blüte hat sich geöffnet. Eine Biene fliegt von einer Blüte zur anderen. Um Blütenstaub und Nektar zu sammeln, setzt sie sich auf den Blütenkelch.

❷ Die Biene hat Pollen auf die Blüte getragen. Jetzt ist die Blüte befruchtet und verwelkt.

❸ Die 5 Blütenblätter sind abgefallen und das Herz der Blüte beginnt zu wachsen. Es wird grün.

❹ Die Blüte hat sich in eine kleine glatte grüne Kugel verwandelt: die Kirsche.

❺ Wenn es regnet, wächst die Kirsche. Wenn die Sonne scheint, verändert sie ihre Farbe.

❻ Manche Kirschen werden fast schwarz, wenn sie reif sind. Andere werden rot oder auch gelb.

Die Bestäubung oder Befruchtung

Der gelbe Staub in der Blüte ist der Pollen. Wenn sich eine Biene auf die Blüte setzt, bleibt etwas von dem Pollen an ihren Beinen hängen. Gleichzeitig nimmt sie auch etwas Pollen auf ihrem Rücken mit. Wenn sie dann zur nächsten Blüte fliegt, lässt sie ihr etwas von dem Pollen. Und so geht es immer weiter. Die Blüten werden also mit dem Pollen der Nachbarblüten bestäubt oder befruchtet – und verwandeln sich dann in Früchte.

Die Früchte aus dem Obstgarten

Die Obstbäume stehen in voller Blüte und sind jetzt ganz weiß oder rosa. Wenn es nicht friert oder hagelt, wird es im Sommer und Herbst viele Früchte geben. Man pflückt sie, kurz bevor sie reif sind. So übersteht das empfindliche Obst besser den Transport.

Der Kirschbaum

Warte noch etwas, bevor du auf den Kirschbaum kletterst. Er steht nämlich noch in Blüte. Die Kirschen werden im Juni rot oder schwarz.

Der Apfelbaum

Der Apfelbaum blüht im Frühjahr. Seine weißen Blüten haben fünf Blütenblätter. Die Äpfel sind erst im Herbst reif.

Der Aprikosenbaum

Überall an seinen Zweigen sitzen kleine weiße und rosafarbene Blüten. Im Sommer biegt er sich unter der Last der Aprikosen. Der Aprikosenbaum hat selten zwei gute Ernten hintereinander.

Der Birnbaum

Der Birnbaum ist gegen Ende des Frühlings übersät mit rosa Blüten. Die Birnen werden am Ende des Sommers geerntet, wenn sie noch grün sind. Man lässt sie im Dunklen nachreifen.

Der Pfirsichbaum

Gleich wenn der Winter vorbei ist, öffnen sich die Blüten des Pfirsichbaumes. Im Sommer reifen seine Früchte, Pfirsiche mit gelbem oder weißem Fruchtfleisch. Sie sind sehr empfindlich.

Der Esskastanienbaum

Der Esskastanienbaum schützt seine Früchte mit einer stacheligen Schale. Wenn du im Herbst eine Kastanie haben willst, nimm die Frucht, lege sie in welkes Laub und tritt mit dem Fuß auf die Schale, bis sie platzt.

Der Nussbaum

Am Nussbaum wachsen Nüsse. Im Herbst verschwindet ihre grüne Nussschale allmählich und der braune Nusskern kommt zum Vorschein. Der Nusskern ist die Schale der Nüsse. In seinem Inneren sitzen zwei Nüsse, die sehr gut schmecken.

Der Mandelbaum

Der Mandelbaum ist einer der ersten Obstbäume, die im Frühjahr blühen. Pflück dir im Frühling eine Mandel, halbiere sie, nimm den Kern heraus und knacke ihn auf. Dann hast du die Mandel, die du jetzt essen kannst.

Der Pflaumenbaum

Der Pflaumenbaum mit seinen weißen Blüten wartet bis zum Herbst, ehe er seine grünen, gelben oder blauen Früchte fallen lässt. Man erntet die Pflaumen, bevor sie herunterfallen.

Der Haselnussstrauch

Das ist ein Strauch mit langen aufrechten Ästen, an denen die Haselnüsse in kleinen Büscheln sitzen.

Jetzt sind sie endlich reif!

Jede Frucht ist anders. Die einen sind sehr empfindlich, andere sind sehr hart. Wenn du eine Birne fallen lässt, bekommt sie eine Druckstelle und beginnt zu faulen. Wenn eine Nuss auf den Boden fällt, bleibt sie unbeschädigt. Deshalb hat man sich verschiedene Methoden ausgedacht, um Obst zu ernten.

Von Hand

Der Bauer und seine Helfer pflücken jeden Pfirsich einzeln, einen nach dem anderen, möglichst ohne sie zu beschädigen. Dann werden sie in Obstkisten gelegt. Auf diese Weise werden sie auch gleich nach Größe sortiert. Wenn die Obstkisten gefüllt sind, werden sie sehr vorsichtig übereinander gestapelt.

Tausende von Äpfeln

Es gibt tausende von verschiedenen Apfelsorten. Kennst du einige Namen? Manche schmecken am besten roh, andere als Kompott. Wieder andere verwendet man zur Herstellung von Apfelsaft oder Cidre.

Golden Delicious

Starking

Mit der Maschine

Manche Äpfel werden angebaut, um daraus Saft oder Kompott zu machen. Diese Äpfel brauchen nicht sorgfältig von Hand gepflückt zu werden. Man verwendet eine Maschine, die den Baum rüttelt, sodass die Äpfel herunterfallen. Dann schaufelt man sie in einen Anhänger.

Mit einer langen Stange

Man breitet einen großen „Teppich" unter dem Nussbaum aus. Dann nimmt die Bäuerin eine lange Stange, mit der sie an die Äste klopft und sie schüttelt. Dadurch fallen die reifen Nüsse herunter und landen auf dem Teppich. Jetzt muss man sie noch aufsammeln und in Säcke füllen.

Renette

Granny Smith

Jonagold

Allerlei Obst

Hier ist alles versammelt, was du für einen guten Obstsalat brauchst. Allerdings werden die verschiedenen Obstsorten zu unterschiedlichen Zeiten reif. Schau dir jede Frucht genau an und merke dir die Unterschiede und Gemeinsamkeiten.

Der Apfel

Die Birne

Äpfel und Birnen haben innen ein Kernhaus und weißes, saftiges Fruchtfleisch. Manchmal ist es auch etwas mehlig, dann macht man aus den Früchten Saft.

Die Pflaume

Kirschen, Aprikosen, Pfirsiche und Pflaumen haben einen Kern in ihrem schön gefärbten, zarten Fruchtfleisch. In dem Kern verbirgt sich ein Samenkorn. Der duftende Saft dieser Früchte ist sehr aromatisch.

Der Pfirsich

Die Aprikose

Die Kirsche

Die Esskastanie

Die Feige enthält viele kleine Körner in einer dunklen und sehr weichen Schale. Feigen sind sehr süß und haben keinen ausgeprägten Eigengeschmack. Du kannst sie auch getrocknet essen.

Die Feige

Die Haselnuss

Die Mandel

Die Walnuss

Mandeln, Haselnüsse, Walnüsse und Esskastanien oder Maroni sind eigentlich Kerne, die man ohne ihre Schale isst. Man kann sie auch reiben oder Öl daraus machen. Man nennt sie Schalenobst.

Alle verschieden

Nimm die Früchte in die Hand. Vergleiche ihren Geruch, ihre Farbe innen und außen und ihren Geschmack. Welche Frucht ist am saftigsten, welche duftet am besten, welche ist besonders süß, säuerlich, glatt oder pelzig?

Köstlichkeiten aus Obst

Das süße und duftende Obst schmeckt natürlich sehr gut roh, so wie es ist. Aber du kannst daraus auch köstliche Desserts machen: Obstsalat, Fruchteis, Fruchtsoßen, Kompott, Marmelade und natürlich auch schmackhafte Kuchen. Manche davon lassen sich sehr leicht herstellen, sodass du bald ein großer Konditor sein wirst.

Sturztorte

Schäle die Äpfel und schneide sie in Viertel. Buttere eine Obstkuchenform aus und streue den Puderzucker auf den Tortenboden. Dann legst du die Apfelviertel darauf, und zwar dicht an dicht. Zum Schluss legst du noch den Mürbeteig über die Äpfel.

Bitte nun einen Erwachsenen darum, den Kuchen bei mittlerer Hitze 25 Minuten im Ofen zu backen. Zum Servieren stürzt du die Obsttorte auf eine Kuchenplatte.

Du brauchst:
4 bis 5 Äpfel,
100 g Zucker,
Mürbeteig

Früchtetorte

Schäle verschiedene reife Früchte wie z. B. Birnen, Bananen und Aprikosen und schneide sie in kleine Stücke. Lege die Hälfte des Blätterteigs in die Obstkuchenform. Dann gibst du eine feine Schicht Grieß, die klein geschnittenen Früchte und den Zucker darauf. Nun legst du aus dem Rest des Blätterteigs einen Deckel über die Torte. In die Mitte machst du ein kleines Loch, damit der Dampf entweichen kann. Pinsle den Teig mit Eigelb ein, damit er beim Backen schön knusprig gelb wird.

Mit einem Erwachsenen backst du die Torte dann bei mittlerer Hitze eine halbe Stunde im Ofen.

Du brauchst:

Verschiedene Früchte,
150 g Puderzucker,
feinen Grieß,
3 Löffel Marmelade deiner Wahl,
1 Päckchen Vanillezucker,
Blätterteig

Einmachen und trocknen

Man kann nicht alle reifen Früchte sofort essen. Deshalb bewahrt man einen Teil des Obstes auf. Damit es nicht verdirbt, macht man es ein. Man kocht aus den Früchten Kompott oder Marmelade oder trocknet sie einfach. So hat man auch im Winter noch Obst.

Apfelgelee

Man schält die Äpfel und kocht sie mit Zucker. Dann kocht man nur den Apfelsaft mit den Kernen. Die Kerne enthalten einen Stoff, der den Saft gelieren lässt (das Pektin).

Apfelkompott

Die Äpfel werden gekocht und mit etwas Zucker vermischt. Das Kompott wird dann in Gläser gefüllt, die gut verschlossen sein sollten. Sie müssen luftdicht sein, damit das Kompott nicht verdirbt.

Bevor man das Gelee in Gläser abfüllt, entfernt man die Kerne. Nun hat man eine goldfarbene, durchsichtige und dickflüssige Konfitüre – das Apfelgelee.

Apfelkonfekt
Dazu nimmt man das übrig gebliebene Apfelmark und kocht es noch einmal mit Zucker auf. Dann streicht man es auf eine Platte und lässt es abkühlen.

Dann schneidet man die Masse in kleine Vierecke, die man anschließend in Zucker wendet. Fertig ist das Apfelkonfekt. Das geht auch mit anderen Früchten.

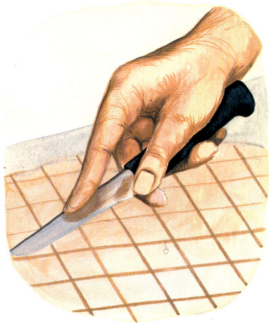

Dörrpflaumen

Man pflückt sehr reife Pflaumen und breitet sie auf großen Blechen aus. Die Pflaumen dürfen sich nicht berühren. Dann schiebt man die Bleche in einen Trockenofen, in dem die Pflaumen gedörrt, aber nicht gebacken werden. Auf diese Weise entstehen schwarze Dörrpflaumen.

Basteln mit Früchten

Natürlich isst man die Früchte erst. Aber schau dir einmal an, was davon auf deinem Teller übrig bleibt. Das bringt dich vielleicht auf eine Idee? Nein, auf viele Ideen! Also mach dich schnell an die Arbeit.

Aus Nüssen

Aus Nussschalen kannst du einen ganzen Zoo basteln. Du musst die Nüsse vorsichtig knacken, damit du jeweils zwei unversehrte Hälften bekommst. Jetzt lass deiner Phantasie freien Lauf. Aus Pappkarton kannst du einen Entenkopf und einen Giraffenhals ausschneiden, Schildkrötenbeine oder Fischflossen. Mit Pfeifenputzern lassen sich sehr gut Spinnenbeine oder Affenarme formen. Zuletzt malst du deine Tiere noch an.

Kleine Schiffchen

Aus einer halben Walnussschale kann ein schönes kleines Schiff werden. Klebe etwas Knetgummi in den Boden der Nussschale. In die Knete steckst du ein Streichholz als Mast. Jetzt brauchst du nur noch ein Stück Papier als Segel – schon kann dein Schiffchen in See stechen.

Eine Halskette aus Kernen

Wenn du Aprikosen oder Pfirsiche isst, hebe ihre Kerne auf. Wasche und trockne sie. Wenn du etwa 30 Kerne gesammelt hast, bittest du einen Erwachsenen in jeden Kern ein Loch zu bohren. Dann malst du sie bunt an. Jetzt musst du sie noch der Reihe nach auf eine Schnur fädeln. Zusammenknoten – und fertig ist die schönste Halskette.

7 DIE BLUMEN

Ein Kind
und eine Blume
auf einer Wiese
voll süßer Düfte:
ein schöner Strauß.

Die Farben der Blumenwiese

Viele Blumen wachsen ganz von selbst auf den Wiesen. Man muss sie nicht säen. Man nennt sie Wildblumen. Aber die Blumen, die du im Blumenladen kaufen kannst, wurden von einem Gärtner gezüchtet. Er zieht sie auf großen Feldern heran und pflegt sie regelmäßig.

Manchmal züchtet der Gärtner neue Spielarten einer Blume. Manche Gärtner verkaufen ihre Blumen auch direkt vom Feld. Du kannst dir selbst die Tulpen aussuchen, die dir am besten gefallen. Dann machst du dir einen Strauß und bezahlst ihn.

Stiefmütterchen wachsen dicht am Boden. Sie haben kurze, empfindliche Stiele, auf denen samtige bunte Blüten sitzen. Stiefmütterchen werden meist als Pflanzen verkauft, die man dann zu Hause in den Garten pflanzt.

Es gibt hunderte verschiedener Rosensorten. Die einen präsentieren ganze Büschel winziger Blüten in zarten Farben, die anderen haben eine große Blüte mit samtigen Blütenblättern in kräftigen Tönen.

Die Wildblumen

Die Malve wächst gern in der Wildnis. Sie hat 5 malvenfarbige Blütenblätter, die sich weit öffnen.

Die Margerite wächst auf der Wiese, am liebsten an Böschungen. Auf ihren langen Stängeln sitzen jeweils mehrere Blüten.

Der Klatschmohn verwelkt, sobald man ihn pflückt. Aus seinen Knospen entfalten sich leuchtend rote Blüten.

Die Malve

Die Margerite

Der Klatschmohn

Blumenleben

Manche entstehen aus Zwiebeln, in denen sie schlafen, bis sie blühen dürfen. Andere schlafen im Winter in der Erde, erwachen im Frühjahr und schlafen wieder im nächsten Winter. Wieder andere entstehen aus Samenkörnern und sterben einige Monate später, nachdem sie neuen Samen produziert haben.

Eine Zwiebelpflanze
❶ In der Zwiebel ist bereits die ganze Pflanze in Miniaturform enthalten. Sie wartet nur darauf herauszukommen.

❷ Die Wurzeln, die Blätter und der Stiel beginnen zu wachsen.

Ein Dauergewächs
❶ Die Margerite wartet in der Erde. Sie ist nicht abgestorben, sie schläft nur.

❷ Im Frühling beginnen die Wurzeln und die Stängel zu wachsen. Blütenknospen bilden sich.

Eine einjährige Pflanze
❶ Das Samenkorn der Kapuzinerkresse ist in der Erde vergraben. Dort bleibt es den ganzen Winter und keimt langsam vor sich hin.

❷ Im Frühling schaut ein Stängel aus der Erde und Wurzeln graben sich auf der Suche nach Nahrung in den Boden.

❸ Am Ende des langen Stängels öffnen sich dann die Blüten der Amaryllis.

❹ Die Blume verwelkt, die Blätter bilden Nahrungsreserven für die Zwiebel. Dann vertrocknen sie.

❸ Die Blätter wachsen, die Stiele werden noch länger und die Blüten öffnen sich.

❹ Die Blume verwelkt und auch ihre Blätter. Aber ihre Wurzeln in der Erde bleiben sehr lebendig.

❸ An den Stängeln wachsen Blätter und Blüten öffnen sich.

❹ Die Blüten verwandeln sich in Samenkörner, kleine runde Kugeln, die auf die Erde fallen und auf den nächsten Frühling warten.

Ein bunter Strauß

Die Auswahl der Blumen, die in deinem Garten wachsen sollen, will gut überlegt sein: Die kleinen Blumen müssen vor die großen gepflanzt werden und du musst auch bedenken, wann die verschiedenen Arten blühen.

Im Frühling

Vorne musst du die kleinen Blumen pflanzen, die im Frühling blühen: das Stiefmütterchen, die Schlüsselblume und das Veilchen. Dahinter kommen die größeren Frühlingsblüher: Hyazinthe, Narzisse und Tulpe.

Im Sommer

Die meisten Blumen blühen im Sommer: die Rose, die Lupine, die Ranunkel, die Papageientulpe, die Gartenanemone, die Kapuzinerkresse ... Aber denk dran, dass die einen lieber im Schatten wachsen, die anderen in der Sonne.

Stiefmütterchen Hyazinthe Narzisse

Papageientulpe Ranunkel Lupine

> **Achtung!**
>
> Immer wenn du im Garten gearbeitet hast, musst du daran denken, dir hinterher gründlich die Hände zu waschen. Manche Pflanzen sind nämlich giftig.

Im Herbst

Auch im Herbst gibt es noch eine große Auswahl an Pflanzen, die den Garten zum Blühen bringen: die Herbstzeitlosen, die Sonnenblumen, Dahlien, Geranien, Astern und der Baldrian ...

Im Winter

Es gibt nur sehr wenige Blumen, die Schnee und Eis mögen. Aber mit ein paar Pflanzen kannst du einige Farbtupfer auf den Rasen zaubern: mit dem weißen Schneeglöckchen, dem Krokus, der Zwerglilie und der prächtigen Christrose.

Herbstzeitlose   Aster   Baldrian

Schneeglöckchen   Winterling   Zwerglilie

Blumenküche

Jedes Kind weiß, dass Blumen sehr schön aussehen. Aber sie haben auch noch andere Vorzüge. Einige duften sehr gut, andere schmecken ausgezeichnet, wenn man sie isst oder trinkt. Mit Blumen kannst du Tee kochen, parfümierte Eiswürfel und Konfitüre machen oder sie sogar in Teig ausbacken.

Ein Getränk aus Lindenblüten

Aus Linden- oder Thymianblüten kannst du ein gut schmeckendes Getränk herstellen.

Pflück Lindenblüten und gib sie in einen Topf mit kochendem Wasser. Lass sie ein paar Minuten kochen. Dann gießt du die Flüssigkeit durch ein Sieb und rührst am Schluss noch einen Löffel Honig hinein.

Jetzt kannst du deinen Lindenblütentee trinken. Aber pass auf, er ist noch heiß!

Blühende Eiswürfel

Mit Blütenblättern kannst du parfümierte Eiswürfel herstellen, die sehr hübsch anzusehen sind. Dazu legst du in jedes Fach des Eiswürfelbereiters ein Blütenblatt. Füll ihn mit Wasser und stell ihn ins Gefrierfach. Wenn deine Eiswürfel fertig sind, gibst du sie in ein durchsichtiges Glas.

Ausgebackene Blüten

Das ist ein sehr ausgefallenes Gericht: in Teig ausgebackene Blütenblätter von Rosen, Akazien oder Kapuzinerkresse.

Verwende nur die Blütenblätter von diesen drei Blumen. Andere könnten giftig sein. Tauche die Blätter in Ausbackteig und dann ab damit ins heiße Öl. Lass dir dabei von einem Erwachsenen helfen.

Wenn die kleinen Gebäckstücke fertig sind, streust du noch Puderzucker darüber und dann kannst du sie essen.

Duftende Kräuterpflanzen

Lege dir einen kleinen duftenden Kräutergarten an. Wenn du keinen Garten hast, stellst du die Pflanzen auf den Balkon. Wähle sie ganz nach deinem Geschmack aus. Wenn die Kräuter gewachsen sind, kannst du sie nämlich essen.

Duftende Kräuter

❶ Füll einen Blumentopf mit Erde und mach in der Mitte ein kleines Loch. Setz die junge Pflanze in das Loch und schieb Erde über ihre Wurzeln, sodass sie ganz bedeckt sind.

❷ Drück die Erde ein wenig fest und gieß die kleine Pflanze gründlich. Die anderen Kräuter pflanzt du genauso.

Du kannst auch alle Pflanzen zusammen in einen Blumenkasten setzen. Achte darauf, dass jede einzelne Pflanze genug Platz hat.

Minze

Thymian

Schnittlauch

❹ Wenn die Pflanze groß geworden ist, kannst du zum ersten Mal ernten. Schneide mit einer Schere fein säuberlich die Blätter oder Stängel ab.

❸ Gib den Pflanzen regelmäßig Wasser. Die Erde darf weder zu trocken, noch zu hart werden. Einmal pro Woche kannst du etwas Dünger in das Gießwasser geben.

Jetzt kannst du mit den Kräutern deinen Salat oder dein Omelett garnieren. Guten Appetit!

Rosmarin   Estragon   Basilikum   Petersilie

Lavendelduft

Manche Pflanzen duften so stark, dass man Parfüm aus ihnen herstellen kann. Das macht man zum Beispiel mit Lavendel oder mit Veilchen.

❶ Lavendel wird auf Feldern angebaut. An einer einzigen Pflanze wachsen dutzende von Blüten.

❷ Wenn sich die Blüten geöffnet haben, werden sie mit einer Maschine geerntet, bevor sie verwelken.

❸ Dann kommen die Blüten in große Bottiche, wo sie zuerst in Wasser, später in Alkohol schwimmen. Dabei werden sie ausgelaugt.

❹ Die Flüssigkeit – das Parfüm – wird dann noch gefiltert, um auch die kleinsten Blütenreste zu entfernen, in Flakons abgefüllt und verkauft.

Eigenes Parfüm herstellen

Sammle Lavendelpflanzen oder Veilchen. Pflück die Blütenblätter ab und weich sie in Wasser ein. Dann gibst du die Blüten und das Wasser in ein Gefäß mit 90%igem Alkohol, verschließt es und lässt die Mischung 8 Tage ziehen. Dann filterst du das Ganze durch ein feines Sieb und füllst dein Parfüm in einen Flakon.

Besuch auf einem Schulbauernhof

Manche Bauernhöfe wurden so umgestaltet, dass Kinder wie du dort als Gäste ganz besonders willkommen sind. Man nennt sie Schulbauernhöfe. Sie ermöglichen dir die Welt der Bauernhoftiere so zu entdecken, wie sie in Wirklichkeit ist. Manche beherbergen auch Schulklassen für mehrere Tage.

Die Kinder stellen der Bäuerin viele Fragen über das Leben auf dem Bauernhof. Sie führt die Kinder erst einmal in die wichtigsten Gebäude. Dort zeigt sie ihnen die Maschinen und Werkzeuge. Sie erklärt, wozu sie da sind und wie man sie verwendet.

Die Kinder werden in Gruppen aufgeteilt. Während eine Gruppe die Tiere kennen lernt, erfährt eine andere gerade, wie Käse gemacht wird.

Zum Abschluss des Tages erzählt jeder, was ihn am meisten erstaunt oder interessiert hat. In der Schule wird dann an den folgenden Tagen das Thema Bauernhof weiter behandelt. Die Kinder malen darüber, schreiben Diktate und verfassen Aufsätze über den Besuch auf dem Bauernhof.

Eine andere Gruppe beschäftigt sich mit der Herstellung von kleinen Körben oder Strohpuppen. Am Abend darf jedes Kind mit nach Hause nehmen, was es gebastelt hat.

Adressen

Diesen Bauernhof in Niedersachsen kannst du besuchen:

Gut Adolphshof
Demeter-Anbau
Adolphshof 1
31275 Lehrte-Hämelerwald
Tel.: 05175/5222
www.adolphshof.de

Oder frag beim Landesbauernverband nach einer Adresse in deiner Nähe.

Verzeichnis all dessen, was du in diesem Buch findest

A
Ähre 100–102
  Minigetreidebuch 99
Amaryllis 168–169
Amsel 130
Apfel 16, 154, 155, 156
  Apfelgelee 160
  Apfelkompott 160
  Apfelkonfekt 161
Apfelbaum 146–147, 150
Aprikose 157
Aprikosenbaum 150
Artischocke 135
Aster 171
Aubergine 135

B
Bache 87
Baldrian 171
Basilikum 175
Befruchtung (von Blüten) 149
Bewässerung 121, 125
Biene 72–73, 74, 148, 149
Bienenkorb 72, 113
Birnbaum 151
Birne 156
Birnenkuchen 57
Bison 87
Blattlaus 76, 77, 131
Blühende Eiswürfel 173
Blume 148, 166–177
  Blumenküche, kleine 172–173
Blumenkohl 133
Blüten, ausgebackene 173
Brot 102–103
Bussard 97

D
Dörrpflaume 161

E
Eber 58
Ei 13, 29, 34–35, 36
Ente 37
Entenküken 36, 37
Erbse 129, 134
Erdbeere 123, 141
  Erdbeermarmelade 142–143
Ernte 14, 24, 102
Erpel 20, 21, 28, 31, 36
Esel 62–63
Eselin 62, 63
Eselsfohlen 62, 63
Esskastanie 157
Estragon 175
Eule 30, 69

F
Fasan 87
Fass 109
Feder 39
Feige 157
Feldarbeit 16, 25, 106
Felder und Wiesen 92–93, 98–99, 106–107, 112–113, 166
Feldmaus 97
Ferkel 58
Fischbrut 82, 84
Fischzucht 82–83
Flachs 117
Flaschen, Abfüllen in 109
Fledermaus 69
Fliege 68
Fohlen 60, 61
Forelle 82, 83, 84–85
Frischling 86, 87
Frosch 20, 21
Früchte 140–141, 144–163
  erkennen 157
  haltbar machen 160
  Obsternte 154–155
  Rezepte 158, 159
Frühling 12–13, 24, 92–93, 122–123, 170
Fuchs 13, 31, 68
Fußspuren 66–67

G
Gans 39
Gänserich, Ganter 39
Garten 170–171
Gartenbau 174
Gärtner 166
Geflügel 12, 17, 28, 29, 38–39
Gemüse 122–129, 132–139
Gemüseanbau 120–129
Gerste 101
Getreide 100
Gewächshaus 120, 122, 125, 127, 128
Glühwürmchen 80
Gräser 94–95
  Strauß aus Gräsern 95
Grüne Bohne 134
Gurke 132

H
Hafer 100
Hahn 12, 29, 33
Hartweizen 101
Haselmaus 69
Haselnuss 157
Haselnussstrauch 153
Häsin 41
Hefegebäck, Rezept für 104
Hengst 60
Henne 10, 29, 31, 32
Herbarium 93
Herbst 16–17, 25, 106–107, 126–127, 171
Herbstzeitlose 171
Heu 94–95
Heubündler 22, 95
Heuernte 94
Heuwender 95
Himbeere 124, 140
Hirse 100
Holzscheibe 19
Honig 72, 74–75
Hühnerhof 28–29, 30–31
Humus 78–79
Hund 30
Hyazinthe 170

I
Imker 73, 74, 75
Iris 171

J
Johannisbeere 124, 141

K
Kalb 19, 44
Kaninchen 10, 30, 40–41
  junges Kaninchen 40, 41
  Wildkaninchen 97
Kaninchen-Spiel 41
Kapuzinerkresse 168–169
Karotte 136
Kartoffel 136, 139
Kartoffelkäfer 130
Käse 52–55
Käse-Crêpe 56
Kastanienbaum 152
Katze 31
Kelter 108, 109
Kerne, Halskette aus 163
Kescher, Herstellung 83
Kirschbaum 148–149, 150
Kirsche 157
Klatschmohn 98, 167
Knoblauch 127, 137

Knospe 112
Kohl 133
Kohlweißling 131
Kompost 121
  Herstellung 121
Körner, Bild aus
  Körnern 141
Kot 66–67
Kräutergarten,
  duftender 174–175
Krebs 85
Krokodil 88, 89
Kuh 12, 15, 18, 42–43,
  44, 52
Küken 34–35
Kürbis 123, 133

L
Lachs 85
Lama 89
Lamm 47
Lauch 133
Lavendel 176–177
Lebkuchen 75
  Rezept 75
Lindenblütentee 172
Löwenzahn 92
Lupine 170

M
Mähdrescher 23
Mähmaschine 23, 94
Mais 93, 99, 100, 107,
  110–111
Malve 167
Mandel 157
Mandelbaum 153
Margerite 167, 168–169
Marienkäfer 76–77
Marmelade 17,
  142–143
Maulesel 62
Mauleselin 62
Maultier 62
Maulwurf 130
Maus 31, 68
Mehl 103
Melken 44, 45

Melone 140
Milch 42, 43, 44–45,
  50, 52
  Rezepte 56–57
Minze 174
Mist 10, 13, 24
Motorfräse 120, 128
Möwe 96
Mutterschaf 47, 52

N
Narzisse 170
Nektar 72
Nuss 155, 157
  Basteln mit Nüssen
  162, 163
Nussbaum 152

O
Obst, haltbar machen
  von 160
Obstgarten 146–147,
  150
Ochse 42

P
Paprika 135
Parfüm 176, 177
  Herstellung 177
Perlhuhn 38
Petersilie 175
Pferd 60–61
Pfirsich 154, 157
Pfirsichbaum 151
Pflanze, einjährige
  168–169
  mehrjährige 168–169
Pflaume 157
Pflaumenbaum 153
Pflug 22, 25
Popcorn 111
Puter, Truthahn 38

Q
Quark 53

R
Rankhilfe 120
Ranunkel 170

Raps 92, 98
Regenwurm 78–79, 96
Regenwurmzüchter 78
Reis 117
Roggen 101
Rosenkohl 134
Rosenstock 167
Rosmarin 175
Rübe 116, 137

S
Säen, Aussaat 106
Salat 123, 133
Sämaschine 23
Sau 58
Schaf 46–47, 48
Schilfkranz 21
Schnecke 80–81, 131
Schneckenhaus-Musik 81
Schneckenzüchter 80
Schnee 113
Schneeglöckchen 171
Schnittlauch 129, 174
Schulbauernhof 178–179
Schwein 19, 58–59
Seifenblasen 115
Sommer 14–15, 24,
  98–99, 124–125, 170
Sonnenblume 99, 107
Spargel 137
Spinne 68
Steinmarder 69
Stiefmütterchen 166, 170
Stier 42
Strauß 88
Strohhaus 115
Strohpuppe 114
Sturztorte 158
Stute 60

T
Tabak 116
Teich 11, 20–21
Thymian 174

Tierstimmen 64–65
Tomate 123, 124, 135
Traktor 22, 23, 24–25
Traube 99, 107, 108–109
Trockenkorb (für Mais) 111
Tulpe 166, 170

V
Veilchen 177
Vögel füttern 107
Vogelscheuche 114

W
Wachs 72, 74–75
Wald 18, 19, 25
Wein 108–109
Weinlese 108
Weinstock 93, 99, 108, 113
Weizen 92, 98, 101, 102–103, 112
Widder 47
Wiesen siehe Felder und Wiesen
Wiesenchampignon 106
Wildschwein 86–87
Winter 18–19, 25, 112–113, 128–129, 171
Winterling 171
Wolle 47, 48–49
  Wollfaden spinnen 49

Z
Zicklein, Geißlein 50, 51
Ziege 50–51, 52
Ziegenbock 50, 51
Ziegenbock-Spiel 51
Zucchini 124, 132
  Auflauf 57
Zwerglilie 171
Zwiebel 137, 168